中南财经政法大学出版基金资助出版

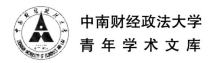

中南财经政法大学
青 年 学 术 文 库

# 可持续创业的
# 影响因素与发展机制研究

刘容志　著

武汉大学出版社

图书在版编目（CIP）数据

可持续创业的影响因素与发展机制研究/刘容志著.—武汉：武汉
大学出版社,2022.12
中南财经政法大学青年学术文库
ISBN 978-7-307-23538-0

Ⅰ.可…　Ⅱ.刘…　Ⅲ.创业—研究　Ⅳ.F241.4

中国版本图书馆 CIP 数据核字（2022）第 257124 号

责任编辑:唐　伟　　责任校对:汪欣怡　　版式设计:韩闻锦

出版发行:武汉大学出版社　（430072　武昌　珞珈山）
　　　　（电子邮箱:cbs22@ whu.edu.cn　网址:www.wdp.com.cn）
印刷:武汉邮科印务有限公司
开本:720×1000　1/16　印张:12.5　字数:177 千字　插页:2
版次:2022 年 12 月第 1 版　　2022 年 12 月第 1 次印刷
ISBN 978-7-307-23538-0　　定价:68.00 元

# 前　言

　　可持续创业可以作为解决经济发展与环境、社会问题之间矛盾的有效路径，然而实践中，国内外成功的可持续创业企业仍是个案。在目前"大众创业，万众创新"的社会背景下，对可持续创业驱动因素的探究有助于对大众参与可持续创业的意识与行为进行有效引导和鼓励，为创造有利于社会发展的经济增长模式提供政策指导；本课题对可持续创业发展机制的研究，有利于在遵循创业活动一般规律的基础上，更加合理的推动可持续创业活动，提升其实施效果；本课题结合中国的政治经济社会文化背景开展实证研究，其研究结果将丰富我国创业实践的经验积累，为我国经济与社会的可持续发展提供参考。

　　现有关于创业创新活动的研究，取得了较为丰硕的成果，但鲜有从个体认知层面，深入探讨创业者个体认知及行为与可持续创业的关系。本研究认为创业过程开始于个体的行为，反映了认知的过程，因此，本课题从社会认知的视角，通过对可持续创业相关概念的界定，从个体和社会两个层面分析可持续创业的驱动因素，探讨可持续创业意向形成→创业行为→绩效的实现与转化这一过程的发展机制，为促进可持续创业的有效开展提供参考。本研究基于国内外相关研究成果和我国可持续创业企业实践，综合采用多种研究方法，较为系统、深入地研究了可持续创业的驱动因素、揭示了其形成机理与发展机制。

首先，本研究探讨了中国情境下可持续创业的概念界定并开发了量表。自 21 世纪初"可持续创业"概念被提出之后，已经成为创业研究的焦点领域，但其内涵界定并没有得到统一的认识。很多相似的概念，如环境创业、生态创业、社会创业等都在与可持续创业相互替代混淆使用，对这些概念的明确是本研究的基础。本研究首先采用内容分析法探讨在中国背景下人们对可持续创业的认识，结合创业领域的相关概念，对"可持续创业意向""可持续创业行为"及"可持续创业绩效"的内涵进行界定。在此基础上，通过进行创业者深度访谈和比较分析，并结合问卷调查、因子分析等方法，对可持续创业相关概念的构成维度进行科学界定及量表开发。

其次，本报告从社会认知视角探讨了可持续性创业意向的形成机理。创业者在进行创业前先具有创业意向，个人或社会因素都必须通过形成意向来影响创业行为。本研究首先从社会认知视角探讨创业者认知因素对可持续创业意向的影响作用。基于计划行为理论和三元交互理论，分别从外部环境、价值观、主观规范和效能感几个层面选取相关变量，提出可持续创业意向的驱动因素模型，并通过对创业者群体的问卷调查对模型进行检验与修订，提出了由感知到的社会支持、可持续导向、主观规范、创业效能感构成的可持续创业意向影响因素模型，丰富了可持续创业的相关理论研究。

再次，本研究探讨了可持续创业从意向到行为的衍变机制。大量研究证实创业意向与行为关系密切，然而对可持续创业者来讲，在竞争激烈的市场环境中协调社会、环境和经济三重效益实属不易。实践中常常出现这种情况：创业者萌生了可持续创业的意向，但却因为客观和主观的多种原因没有实施可持续创业行为，表现为直接放弃了创业想法、无限期推迟想法的实施或在创业过程中放弃了可持续发展导向。本研究基于社会认同理论与资源拼凑理论，选取资源拼凑作为中介机制，从创业者身份出发，预测创业者在机会稍纵即逝、资源贫乏的情形下的资源获取行为，为可持续创业企业提供了其在资源困境中通过"拼凑"获取资源从而实施可持续创业行为的新思路，并且探讨了在环境不确定性的情形下，创业者基于身份认知进行可持续创业策略选择的机制。

最后，本课题实证检验了可持续创业的绩效转化机制。实现经济利润是创业的中心问题，也是可持续创业企业得以持续发展的重要保障。本研究认为可持续创业的长效发展取决于其创业绩效的实现及非经济绩效与经济绩效的良性转化。可持续创业行为在社会公众要求阻止环境恶化、消费者也愿意为降低环境污染而付费以及社会各界持支持姿态的社会背景下，其经济利益的可持续性不会遇到障碍。社会规范构建可以加强可持续创业企业的竞争能力，为整个产业共同向可持续化方向转变打下坚实基础。本研究首先从个体行为层面探讨了可持续创业导向对员工工作使命感及工作绩效的影响机制，并通过问卷调查实证检验相关研究假设；进而通过两批次数据，分别选取新能源板块上市公司及沪深 300 指数成分股企业作为研究对象，探讨了绿色创业导向对企业经营绩效的影响作用；并通过共同度检验和因子分析，验证了企业对消费者、政府等利益相关群体的责任承担行为与其资产收益率的正相关关系。该研究结论为可持续创业企业就如何增强员工工作使命感从而提升企业绩效提供了一定的启示。

本课题的成果立足国内外相关领域的研究前沿，并结合国内创业企业的实际情况，较为系统、深入地探讨可持续创业的驱动因素与发展机制，在理论和实践层面均具有一定的创新性。本研究综合采用理论研究、文献分析、访谈研究和问卷调查等多种研究方法，分析了可持续创业在中国情景下的内涵及外延，提炼出了可持续创业的多维度模型并开发了相关量表，实证检验了可持续创业意向的影响因素及可持续创业行为的产生机制，在理论上具有较好的创新性，进一步丰富和深化了创业领域的理论研究，并能为今后学术界开展相关方面的研究提供参考和借鉴。同时，在调研分析国内创业者认知因素及创业企业可持续导向基础上，提出了促进可持续创业意向向行为专业的引导机制及相应的对策建议，可以为可持续创业企业的发展提供一定的决策参考，能够产生良好的经济效益和社会效益。

# 目　　录

# 第一编 可持续创业的概念界定

自 21 世纪初"可持续创业"概念被提出之后，已经成为创业研究的焦点领域，但其内涵界定并没有得到统一的认识。很多相似的概念，如环境创业、生态创业、社会创业等都在与可持续创业相互替代、混淆使用，对这些概念的明确是本研究的基础。作为一个较新的研究领域，可持续创业是可持续发展与创业研究的交叉结合，学者们还在积极探索它的概念和内涵。作为创业研究的一个新兴分支，可持续创业在理论研究和实践探索方面都还处于初级阶段，与之理念相近的"绿色创业"与"社会创业"等研究主题也相继出现，但都不是十分成熟。国内关于该主题的研究更是少之又少，已发表的文献只有几篇，大多是对国外的研究进行总结和述评。不首先梳理可持续创业的具体内涵和边界，确定研究的是什么，则会在研究中迷失方向，因此对可持续创业具体含义进行剖析是十分基础和必要的。

本编首先采用文献研究法对可持续创业相关概念进行辨析与总结，在此基础上，采用访谈及内容分析法探讨在中国背景下人们对可持续创业的认识，结合创业领域的相关概念选取国内外典型的可持续创业案例，进行深度访谈和比较分析，对国内外可持续创业的发展现状进行分析，并结合问卷调查、因子分析等方法，对可持续创业相关概念的构成维度进行科学界定及量表开发，为本课题的后续研究奠定基础。

# 第一章
# 创业及其相关概念

## 一、创业意向的含义及维度

意向指的是个体对未来可能会进行某种特定行为活动的信念，且驱使个体集中精力采取一定的措施和途径实现特定的目标，从而实施该行为，是个体对未来从事某种行为活动的一种有效预测（Bird，1988；Bandura，2001）。意向表达一种心理状态，这一概念来源于社会心理学。在创业理论研究中，创业过程是由几个阶段组成的，创业意向位于早期阶段，创业意向的形成是实施创业活动的重要预测因素（张玉利和杨俊，2009）。

在创业行为的预测因素中，创业意向是最重要的变量，极有可能导致创业行为的发生。"创业意向"（entrepreneurial intention）这一概念最早出自于 Bird（1988），他在"意向"这一概念的基础上解释了创业意向的含义，即"对于某个特定的目标倾注热情、集中精力，并有行为倾向的一种心理状态"，创业源于灵感激发，进而由创业意向来形成创业想法。Bagozzi（1995）提出创业行为产生的先决条件是创业意向，做出某个行动的前提是首先产生这个行为的倾向。创业意向可以作为中变量而存在，比如在计划行为理论中，个体层面的变量通过创业意向作用于创业行为，同时外界环境也可以通过创业意向来影响创业行为。根据 DeNoble（1999）的观点，创业意向包含的是一种对于依靠自己的能力和资源成立一项新事业的主观态度，它反映了个体从事这种创业活动的可能性。Lüthje（2003）认为，有了创业意向就进入了创业的预备状态，创业者会在多个方面对创业活动进行准备，包括个体的心理状态等。Dalton（2015）认为创业意向反映的是一种承诺程度，这种承诺程度越高，则个体在未来从事创业活动的可能性就会越大，反之可能性就越小。

对于创业意向的具体内涵，国内也有很多学者提出了自己的观点。范巍和王重鸣（2006）提出，创业意向反映的是个体具有类似于创业者特质的程度，是对个体对创业所持有的态度和能力的描述。丁明磊（2008）认为，创业意向是人们要不要进行创业行为的一种主观意愿，是对创业行为最好的预测指标。简丹丹（2010）认为，创业意向说明的是个体选择创业作为人生目标和追求的倾向性和意愿。胡文安（2015）将创业意向定义为潜在创业者对于从事创业行为的一种承诺水平，承诺水平越高说明创业意愿越强烈，那么创业主体越有可能实施创业活动。2016 年，历洪亮综合以往学者的观点，从他人的角度对可持续创业的内涵进行解释，即创业意向的产生需要他人的支持和理解，创业意向反映的是个体按照他人的期望以及自己的想法实施创业行为的可能性大小。

学者们对创业意向的维度划分存在一定的差异，代表性的维度划分如表 1-1 所示。

表 1-1　　　　　　　　　创业意向的维度划分

| 研究者 | 维度数量 | 具体内容 |
| --- | --- | --- |
| Bird（1986） | 2 | 个体的意向（内控制点）、利益相关者的意向（外控制点）； |
| Lee 和 Peterson（2000） | 5 | 自治、创新、风险容忍度、创造性、竞争倾向性 |
| Kristiansen 和 Indarti（2004） | 3 | 背景经历、人格和态度、预备工作 |
| Martin（2010） | 2 | 有条件的创业意向、无条件的创业意向 |
| 薛永基和马奔（2014） | 4 | 个人经历、创业态度、创业信念、创业倾向 |
| 段锦云、徐悦和田晓明（2015） | 2 | 有条件的创业意向、无条件的创业意向 |

本研究的研究主题为可持续创业是如何产生的，而行为的研究离不开对行为意向的探究，意向是人们从事创业行为的关键条件，所以本研究将可持续创业意向作为研究的因变量，来探究驱动可持续创业意向的重要因素。可持续创业是指发现、创造并开发机会来构建未来的商品和服务，这些商品或服务能够保护自然或公共环境，并且为他人提供发展收益。根据以上的文献综述，本研究对可持续创业意向的定义如下：在现存的市场中发现与环境保护和社会责任有关的市场缺陷，选择通过自主创业来解决这些缺陷从而保护自然或公共环境的一种心理状态。

## 二、创业者身份的概念、结构与测量

自 20 世纪后期以来，学术界对身份的关注与日俱增，学者们普遍认识到人类需要对自我进行定义，并且在社会中找准自身定位(Tajfel & Turner，1986)。相关的学者开始对"身份"这一概念进行界定，如 Gioia(1998)将身份定义为"一个通用的、个体化的，通过社会互动形成和维持自我的框架"。此外，一些与"身份"相关的概念也逐渐衍生开来，如："身份工作"，即以增强自我效能的方式重建和呈现一个人身份的努力（Peredo & Chrisman，2006；Kreiser et al.，2011）。"创业者身份"也是一个与"身份"相关的衍生多维度概念，Powell 和 Baker(2014)将其定义为"在她或他的日常工作中对创始人而言长期突出的一组身份"。

创业者在创业过程中，对特定身份有着不同的偏好，这是因为这些不同的身份能够帮助创业者更好地向外界传达自己的身份定位，创始人以创造属于自己的特殊身份的方式经营他们的公司，以表达他们的社会身份。创业者在创业过程中，通过和不同的社交群体进行交往来强化自己的身份，这种社交互动和反馈在组织中很常见，尤其是创业型初创公司（Rouse，2016）。个体根据自身所处的某些群体对自身进行评价，并且也根据这一套标准对哪些个体是否属于这些群体进行评价。因此，本研究认为个体的社会身份认同是一种社会取向系统，在自我价值认定这一方面发挥着重要作用(Tajfel & Turner，1986)，创业者意识到自己所属的创业群体和接受该群体带来的意义和情感并且依照该群体的范式进行活动，同时研究创业者身份可以帮助我们提高对创业型个体特征的理解，以及对创业者如何影响新组织的认识（Fauchart & Gruber，2011）。

Fauchart 和 Gruber（2011）基于社会认同理论，通过 12 个国家的实证研究验证了创业者身份这一多维度概念，随后开发了相应的量表并且发表在管理学和创业的顶级期刊 *Academy of Management Journal* 与 *Journal of Business Venturing* 上面。两位学者发现了有三种维度的创业者身份。第一种是创业者的竞争身份，创业者的竞争身份定义是该身份使得创业者被逐利动机驱动，想要建立一个成功盈利的公司，他们把自己看作不同于其他竞争公司的个体，衡量创业成功的标准就是公司的经济盈利；第二种是创业者的社群身份，创业者的社群身份是创业者们希望得到社群的支持和融为社区的一员，同时他们认为自己做的事情在造福社区并把竞争者看作潜在的合作伙伴，创业者的社群身份使其衡量创业成功的标准是有用的产品成为社区中令人尊重的一员。第三种是创业者的使命身份，创业者的使命身份的含义是该身份使得创业者将其公司视为政治目标，可以推动一个特定的事业，造福于整个社会，他们提供的产品旨在将客户的消费模式转变为更加环保和/或对社会负责的模式，创业的成功在于号召大家跟随他们一起把社会变成一个更好的地方。创业者的使命身份在本质上与纯粹追求经济利益创业者的传统身份明显不同。他们的研究结果还表明，基于不同的身份，创业者会将他们的自我概念印记在其新兴公司的关键维度上，如在处理的客户需求方面，传统追求经济利益身份的创业者通常设计的产品能够满足客户的需求；该种身份创业者通常首先创建一个供自己使用的产品，因为当前的市场产品并不满足他们自己的客户需求，他们新开发的产品往往体现了全新的功能，有时甚至在这项运动中开辟了新的实践领域。随着对创业者身份研究的深入，Powell 和 Baker（2014）同样验证了创业者身份是一个多维度的概念，提出了企业批评家、宗教信仰者、地方主义者等八种创业者社会身份。社会认同理论为我们提供了一种理论视角去理解个体是怎样运用社会认同去强化自己的身份从而采取相应身份的行为

（Hogg & Terry，2000；Tajfel & Turner，1979），由此可以看出，不同的企业其生产活动和经营结果存在很大差异。

Fauchart 和 Gruber（2011）通过社会认同理论的研究牢牢把握住了个体自我概念中关键的社会部分，例如，通过采取社会认同理论下的身份视角，我们能看出创业者到底是为了追逐自我利益还是想要回报社会创办企业，也就是看出创业者创业动机本质的区别，比如 Muhammad Yunus，他创办 Grameen Bank 是因为他想提供小额贷款给穷人，让他们创办公司来摆脱贫困（Yunus，2007），这是社会身份可以解释的。公司创办就是一个社会活动，组织本身就是一个社会结构，一个创始人自我概念的社会方面对创业是十分重要的（Whetten & Mackey，2002；Fauchart & Gruber，2019）。因此，在本研究中认同 Fauchart 和 Gruber（2011）提出作为社会认知理论组成部分的社会认同理论（Tajfel，1972；Tajfel & Turner，1979），这一理论视角更应该用来审视对与创业实践相联系的创始人异质性意义的理解以及这些异质性对公司创办过程和结果的影响（韦慧民和潘清泉，2014）。社会认同理论拓宽了个体对自我这一概念的解读，这是由于在社会环境下，社会身份对价值观和行为选择的影响是十分深远的（Hogg & Terry，2000）。本研究采取 Fauchart 和 Gruber（2011）对创业者社会身份的结构划分，从本质上来说，创业者的社群身份和创业者的使命身份有一定的重合。两种身份的创业者创立企业的初心都是从"他人"的角度出发，创业者社群身份强调造福社区，使命身份占主导的创业者注重为社会谋福利。而且，郑超（2017）发现创业者的社群身份与使命身份相关系数达到了 0.567（$p<0.001$），相关性较高。其实我们不难发现在中国的情境中，社群身份这个概念的创业者是很少的，更多体现的是其他两种的创业者的身份。因此本研究选择三种身份中的典型的两种作为研究对象：竞争身份和使命身份。

当前，学界关于创业者身份的测量取得了一定的成果。Farmer 等（2011）开发出了六个题目的创业者身份自测量表，并且在中国大陆、中国台湾和美国等地都进行了验证。该研究开发的六个量表题项分别为："我常想成为一个创业者""我把自己当作一个创业者""我人生中最重要的事情之一包括成为创业者""当提及创业者这一词时,我感觉非常好""我总想着成为一个创业者""创业愿望的表达是重要的"。Murnieks 等(2014)开发了四个题目的创业者身份感知量表,即"我常想要成为一个创业者""如果被迫放弃创业,我会感到非常失落""我对创业者这个身份没有特殊的感情""创业是我人生的重要组成部分"。Sieger 等(2016)在 Fauchart 和 Gruber (2011)研究的社会身份基础上,开发了创业者社会身份的 18 个题目量表,该量表基于创办企业的动机、如何评价自己作为创业者和采取创业行动时的参考框架三个维度,进行开发与检验。经过 12 个不同国家和地区的实证研究,证实该量表具有较高的信度,关于创业者身份的提出与量表的开发也在管理学和创业的顶级期刊 *Academy of Management Journal* 与 *Journal of Business Venturing* 上面发表,目前学术界对于该量表的认可度较高。在国内,郑超(2017)在中国情境下验证并测量了创业者身份这一构念,结果发现新企业创始人的确拥有不同维度的创业者身份,验证了创业者身份且它是多维度的概念,对于创业者来说,创业者身份具有非常重要的意义。本研究采用的也是 Sieger 等(2016)的量表。

## 三、创业行为的相关研究

创业行为一直是创业学研究关注的重点(Autio et al., 2013;Brettel et al., 2012;McKelvie et al., 2011;Mitchell & Shepherd, 2010)。创业行为激发了创业者的创业激情(Gielnik, 2015),为个体带来了巨大的经济利润(Klein, 2008),也为社会创造了巨大的经济价值(Bornstein, 2007;McMullen, 2011;Dacin et al., 2011)。本研究在综合以往文献研究的基础之上,从特质、动机和认知三个方面归纳了创业行为的相关研究。

### (一)特质视角下的创业行为

创业特质论认为,一方面由于创业过程中的不确定性因素很多,因此,只有那些风险偏好较高、不确定性规避较低以及自我控制能力较高的个体才可能从事创业行为,这一观点得到了学界的普遍认同(Baron &

Ensely，2006；Shepherd & DeTienne，2005），另一方面，创业行为的本质是价值创造和个体对经济利益的追求，伴随着创业行为的开展，个体获得的经济资源不断增加以及与之相伴的社会地位上升，因此，只有具有高成就动机的个体才可能从事创业行为，这一观点也得到了部分学者的支持(li & liang，2015)。

早在1995年，Crant 就提出前瞻性人格和主动性人格对创业意向具有显著的正向影响，但是之后特质范式的研究中断了十多年之后才在创业领域重新兴起(Ciavarella et al.，2004；Zampetakis et al.，2009)。有最近的元分析研究表明，除了宜人性，大五人格中的责任心、经验开放性，情绪稳定性和外向性都对创业意向有显著的正向影响(Zhao et al.，2010)；冒险性人格与创业意向之间也存在显著的直接联系(Segal et al.，2005；Zhao et al.，2010)。此外，还有许多实证研究表明男性的创业目标意向明显高于女性(Wilson et al.，2007；Zhao & Seibert，2005；Gupta，2008；李海垒，2013，2015)，可能的原因是与传统文化对性别角色的刻板印象有关，认为女性的"天职"就是为人妻为人母，但是学者将这种性别差异仅仅归结为男性化特质似乎不太恰当，因为有研究证实双性化个体的创业目标意向和创业执行意向在四种性别角色类型中(双性化、男性化、女性化、未分化)是最高的，可能的解释是除了性别差异，与性别相关的心理和社会因素还对创业意向存在影响(Gupta，2009)。

### (二)动机视角下的创业行为

推拉理论认为，创业动机可以分为拉动型创业动机和推动型创业动机(Solymossy，1998)。拉动型创业动机是指创业者由内在积极因素驱动而产生的创业动机(Dean & McMullen，2007；York & Venkataraman，2010)，这些积极因素包括强烈的成就需要(张凯竣和雷家骕，2012)、高风险承受力(段锦云等，2016)；推动型创业动机则指创业者由一些消极因素推动而产生的创业动机，这些消极的个体因素包括糟糕的工作环境、经济窘境、以牺牲他人利益和损害环境为代价的创业动机(Shepherd et al.，2012)。一般情况下，拉动型因素比推动型因素更为普遍（Segal et al.，2005）。但是也有学者认为个体创业的原因受到拉动型因素和推动型因素的共同影响（Shane，2003），与在某个公司工作不同，创业者更偏好于创造一个企业来发挥自己的个人才能。

顾桥等（2005）将创业动机归纳为受经济需要刺激的经济性动机和受社会需要刺激的社会性动机两种，并且经济性动机随着创业企业经济效益的增加会不断向社会性动机发展。段锦云等（2012）在总结前人研究的基础上指出创业动机可以理解为驱动个体创业的心理倾向或动力，它是个体在环境的影响下，将自己的创业意向付诸具体行动的一种特殊心理状态。

从个人与社会关系的视角来看，创业动机可以划分为亲自我动机和亲社会动机（Li & Liang，2015）。亲自我动机指的是创业者采取创业行为的出发点是为了获得经济收入以保证自我和家庭的发展，在中国这样一个家庭文化比较浓厚的社会里，一些创业者最开始的想法更多的是出于保证自己发展和家庭的维系。亲社会动机指的是创业者愿意给其他人提供帮助来实现自我的社会价值的愿望，同样地，如果创业者深受儒家文化以及集体主义的影响，他们会通过帮助其他人对文化和传统作出回应以得到社会认同。

（三）认知视角下的创业行为

20世纪90年代学者们已经从心理和认知视角来研究创业者，进入21世纪，这方面的研究进展十分迅猛，并且形成了创业认知学派（Mitchell et al.，2002，2007，2011）。Mitchell等（2002）构建了创业认知研究的理论框架时，并明确指出创业认知是"创业者在机会评价和创业企业成长过程中用于做出评价、判断和决策的知识结构"，从而奠定创业认知研究的理论基础。学者立足于创业情景的特殊性发现创业者面临的高度不确定性环境、新奇性、高度的时间和资源压力导致创业者和管理者在思维方式和认知风格上存在显著差异，创业者更多地采用直接式思维，并且会产生过度自信、控制错觉、事后明白、少数原理等偏差（Forbes，2005），而且这些偏差在很多时候帮助创业者识别出潜在的创业机会。为了增强创业认知研究的理论基础，Grégoire（2011）运用内容分析法系统梳理了 1976—2008 年公开出版的与创业认知研究相关的文献，并从精神主义、过程导向和认知动态性三个方面论述了创业认知的理论内涵。

　　创业认知学派的基本假设是创业行为的独特性并非来自于行为表现，本质上是创业情景的特殊性和不确定性诱发的独特认识和思维过程（Venkataraman et. al.，2012）。虽然，成功的创业者在行为表现上存在差异，但是我们似乎可以看到在面对环境的高度不确定性和模糊性的时候，他们都形成了独特的认知思维。

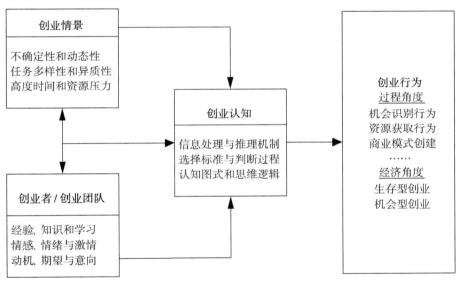

图 1-1 创业认知与创业行为的关系框架

　　在关于创业认知的实证研究中，有立足于探索个体层次认知变量对个体层次结果变量的影响（Shepherd et al.，2007；Grégoire & Shepherd，2012）；有关于个体层次认知变量对企业层次结果变量的影响（Hmieleski & Baron，2008；Martins et al.，2015）；有分析了创业团队认知对企业层次结果变量的影响（Zheng，2012；Knockaert et al.，2011）；还有文献研究了外部环境如何影响创业者认知过程与风格(Lim et al.，2010)；此外还有较少的文献研究了个体层次认知变量对于团队层次认知变量的影响(Chowdhury，2005)。杨俊、张玉利和刘依冉(2015)采用内容分析方法对过去 40 年间发表于国际顶级刊物的相关研究进行系统梳理和总结，指出当前创业认知研究的主题有创业机会、商业模式建构、创业失败和认知前置因素四个大的主题。

# 第二章
# 可持续创业的相关概念

## 一、可持续发展

可持续发展这个概念由来已久。第二次世界大战以后，人们期盼经济复苏，然而凯恩斯理论的兴起启发人们更多地追求经济的可持续增长。可持续发展这个概念第一次出现在 1980 年世界自然保护联盟发表的《世界自然保护战略》中，并在 1987 年由联合国世界与环境发展委员会首次正式提出并解释。可持续发展这个命题自首次提出以来，便引发了国内外各界人士的广泛关注和讨论。自然科学、经济学、社会学等多个学科的研究者们从不同的视角对可持续发展进行定义，诠释其内涵，具体内容如表 2-1。

表 2-1                    不同视角的可持续发展定义

| 研究视角 | 来源 | 概念诠释 |
|---|---|---|
| 环境 | 国际生态学和生物学联合会，1991 | 维持生态平衡，保护自然环境的生产和更新换代能力 |
| 经济 | 世界自然保护同盟，1991 | 在生态系统能够承载生存所需要的资源的前提下，提高人类的生活质量 |
| | Lindahl，1992 | 在保证资源能够世世代代平等使用的条件下，发挥资源的最大效率，获取足够的价值 |

续表

| 研究视角 | 来源 | 概念诠释 |
|---|---|---|
| 社会 | 《经济、自然资源、不足和发展》的作者 Barbier，1989 | 在保持自然资源的质量和提供服务的前提下，使经济的净利益增加到最大限度 |
| | Pearce 和 Warford，1993 | 可持续发展所要遵守的原则是在为当代人提供最大价值的同时，不能危害到后代的利益 |

通过观察上述可持续发展的定义，我们可以发现经济增长、社会公平、环境保护、自然资源等要素已包含其中。可持续发展的目标是实现经济与社会、人与自然的协调发展，而这个目标则必须建立在经济、社会、环境三者既满足当代的发展需要，又不危及后代满足其需要的基础上才能够得以实现。虽然可持续发展在不同学科领域有着不同的定义，但是总的来说，可持续发展要实现经济目标、环境目标、社会目标的平衡，在实现经济增长的同时不危害生态环境和社会公平，最终完成三个维度的全面、协调、可持续发展。2001 年，Harris 和 Goodwin 提出社会体系的"三重目标"，即经济可持续性、生态可持续性和社会可持续性。Dyllick 和 Hockerts（2002）指出，一直以来提高经济效率和实现社会公平使人们普遍关心的问题，但是现在如何维持生态系统平衡、如何增强资源再生能力也是我们亟待解决的问题。

环境、社会及企业的长期生存是可持续研究的主要主题（Carter & Rogers，2008；Pagell & Wu，2009）。我国学者刘思华（2001）认为，以往的研究者多从宏观视角出发，比如国家经济、社会、地区等，研究如何实现可持续发展，但是从相对微观的企业视角出发进行的研究还相对缺乏。追求组织水平上的混合价值是企业的社会角色之一，致力于可持续性的新企业往往会寻求经济、环境、社会三个维度的平衡（Shaker A. Zahra & Mike Wright，2016）。对于企业而言，可持续性要求基本的转变，包括组织形式、商业模式和企业治理。而可持续发展模式的转变对于大而成熟的现有企业来说会十分费力，转换成本高昂，既得利益者也无法被激励而愿意打破现状（Shevchenko，2016）。Pezzoli（1997）认为，用可持续发展的理念解决人类生存环境所面临的问题时，社会价值体系以及优先级可能需要做出一定的调整。大型企业发生可持续性的转变往往来自于外部压力，而小型创新企业受企业内部驱动而做出改变，因此更有可能达到真正可持续性（Gideon & Markman et al.，2016），这就为可持续创业的兴起提供了依据。

## 二、生态创业与社会创业

### （一）生态创业

与可持续发展研究一样，可持续发展驱动的创业（sustainability-driven entrepreneurship）研究最开始也是聚焦于环境维度，出现了生态创业（ecopreneurship）、环境创业（environmental entrepreneurship）、绿色创业（green entrepreneurship）等创业形式（如：Blue，1990；Berle，1991；Keogh & Polonsky，1998；Isaak，2002；Schaltegger，2002；York et al.，2016；崔祥民和杨东涛，2015；高嘉勇和何勇，2011；揭昌亮等，2011；李华晶等，2016；李华晶和陈凯，2014；etc.）。从个人创业的狭义角度出发，生态创业指的是通过提供亲环境的产品和服务来建立一个创新公司的创业形式。如Anderson和Leal（1998）认为环境创业是为发现与环境市场中相关的经济活动，能解决环境问题的同时能够带来新的商机，即对与环境和生态有关的市场失灵的创业机会的识别、评价和开发的过程。但是创业既能够由独立创业者实施，也能发生在现存组织当中（Westhead & Wright，2013），现有公司通过重新整合资源来开拓创造环境价值的新事业，即公司创业（corporate entrepreneurship），同样能够根本改变和重新塑造现有环境和商业战略。因此，从纳入公司创业的广义角度出发，生态创业是一种由市场导向和人格驱动的富有创新性的价值创造形式，主要通过环境创新和成功上市的亲环境产品来创造价值（Schaltegger，2002）。如Berele（1991）认为绿色创业是企业采取绿色化的手段和措施，以在成本、产品创新或者市场营销方面取得竞争力的创业模式。根据 Schaltegger（2002）的分类矩阵，生态创业者具备两个突出的特征，一是他们将环境绩效目标作为创业的核心目标，而不是附属目标和最低要求，因为经济绩效与环境绩效密切相关。太阳能公司就是环境创业的典型案例，它们提供太阳能科技来供暖和生电，凭借亲环境的业务在日益重视环保的市场中，获得越来越多的经济利润，与此同时太阳能科技使其摆脱了对煤矿等不可再生资源的依赖，进而也消除了与煤矿使用相连的大气污染等其他环境危害（Meek et al.，2010）。在环境创业、绿色创业等研究的基础上，可持续创业也在往前推进。

（二）社会创业

一些学者也开始关注创业和社会可持续性的结合，社会创业（social entrepreneurship）的研究逐渐涌现（Arend，2013；Dees，1998；Light，2006；Mair & Marti，2006；Miller et al.，2012；Renko，2013；Zahra et al.，2009；傅颖等，2017；王皓白，2010；etc.）。Dees（1998）认为社会创业者是社会变革的推动者，社会创业者的使命是创造和维持社会价值，并通过坚持不懈的开发新机会去更好地完成使命，他们热衷于不断创新、调整和学习，能够不受资源的限制而勇敢地行动，对所服务的地区和创造的价值展现出高度的责任心。由此可见，社会创业或社会创业者的定义突出以下关键因素——社会创业将社会价值作为核心使命，利他特质是社会创业者的突出特征（Arend，2013；Miller et al.，2012；Renko，2013；Tan et al.，2005；etc.）；社会创业采用商业模式运作，擅长创新（陈劲和王皓白，2007；Dacin et al.，2010）。社会创业的一个著名的案例就是孟加拉国经济学家 Muhammad Yunus 创立的 Grameen Bank（孟加拉乡村银行），这个银行通过向贫困人群提供小微贷款缓解了数百万人的贫困问题，并且颠覆了银行部门关于信用问题的传统思维（Yunus et al，2010），而它的收入主要来自于 Grameen 电讯和 Gralneen 能源公司等盈利性分支机构（李凯，2012）。

### (三)"三重底线"的混合逻辑

如果过依照传统的创业观点，只遵从商业底线、追求经济收益，那么可持续创业在学术研究上就背离了现实的情况，社会各界所倡导的可持续发展问题依然不会得到改善和实施，以至于情况越来越恶劣。如果遵从以社会和谐和公平为目标的"社会逻辑"，那么学术研究领域的可持续创业似乎脱离了商业企业存在的根基，与我们主观意识上的企业性质相背离。因此在这种情况下，整合商业逻辑、社会逻辑和环境逻辑的可持续创业就出现了。整合性研究领域应运而生的关键节点是研究者们在学术上倡导企业的可持续创业。2009 年，Miles 发表一篇名为《可持续公司创业》的文章，其中说明了可持续公司创业的概念，即以生态健康、社会责任和公司经济增长等综合、协调发展为愿景，发掘、评价和开发能够保护环境及实现社会发展的商业机会，并且通过产品和服务等的创新来达到相应的目标。Miles 认为可持续创业的研究应该遵从多重逻辑，并且提出了一个整合性的研究框架，这个研究框架包含的意义是可持续创业一方面要使企业持续性地生存下去，并且实现一定的利润增长，一方面要有助于社会的繁荣和进步以及社会公平，同时另一方面还要在环境保护和生态系统平衡及资源再生等领域承担责任。各个维度的使命有着同样重要的地位，企业要在决策时综合和协调各个方面的因素。如果在企业决策时只关注生态环境的利益而忽略了股东的利益，那么很可能背离了经济底线的要求，从而缺失了经济的可持续发展性。如果过度关注经济利益而牺牲了社会利益，那么企业将因为不再承担社会责任而不具备社会和政治方面的可持续性发展。从以上的分析中我们可以很明显地发现 Miles 重点强调可持续发展多重目标的特性，从这个角度能合理解决"商业逻辑"和"社会逻辑"之间的矛盾。

Shepherd 和 Patzelt(2011)从经济、社会、生态系统等多重视角出发，详细论述对于可持续发展来说，"应该使什么可持续""应该发展什么"，这两个问题从根本上解决了可持续创业需要遵循的多重底线。其中，生态资源、生命支持系统等应该保证可持续，应该发展的是个人、经济和社会。

这两个问题为可持续创业发展了一个框架：发现、利用能够维持生态系统、保护自然资源的创业机会，从而由产品、服务或流程的创新等方式来实现经济收益，造福于个人和社会。我国学者李华晶和张玉利(2012)在综合以往学者研究的基础上，基于 Timmons 提出的可持续创业模型以及 Elkington 三底线(triple-bottom line)原则，阐述了可持续创业研究可以参考的研究框架(见图 1-3)。在可持续创业研究框架，经济、社会和环境有同样重要的地位，但是在具体实现方面，首先保证的是经济上的可持续，这是基础要求和基本保证(Abrahamsson，2007)。对于任何盈利性的或非营利性的组织，只有获得一定的经济回报才能长久地生存下去，所以创业活动得以持续的基础就是要有一定的物质收益。然而企业的发展又涉及社会的方方面面，只有在创造经济效益的同时保证了社会和环境效益的企业才会获得认可，从而长久生存下去。可持续创业的最终愿景应该是实现社会公平和资源永续，所以创业活动必须对个人、社区、生态系统、自然环境等产生积极影响。但是，可持续创业与企业承担社会责任或非营利组织及社会组织进行的慈善行为又有着很大的区别，可持续创业主要关注的是对市场缺陷中的机会的识别、对风险的评估以及产品、服务或流程的创新等，而后者则不会关注这些问题。李华晶和张玉利(2012)所提出的可持续创业的研究框架既突出了经济、社会和环境的核心地位，同时也强调了创业过程中需要整合和协调的各种要素，即机会、资源和团队。该研究框架对于后续学者深入研究可持续创业提供了方向性的指导，并对可持续创业理论和实践的开展具有积极作用。

### 三、可持续发展导向的创业

创业的传统模式为社会和环境带来了负面影响，20 世纪 80 年代以来，生态创业和社会创业等新形式的创业主题慢慢成为学术界研究热点。Schaltegger 和 Wagner(2011)基于四个定义维度：核心动机；目的；经济目标的作用；市场目标和组织发展变化的作用，在生态创业、社会创业、可持续创业方面提供了最明确的界限(见表 2-2)。

表2-2 不同可持续发展导向创业的特征

|  | 生态创业 | 社会创业 | 可持续创业 |
|---|---|---|---|
| 核心动机 | 解决环境问题和创造经济价值 | 解决社会问题和为社会谋福利 | 为同时解决社会和环境问题做出贡献 |
| 主要目标 | 通过解决环境问题达到挣钱的目的 | 实现社会目标并获得资金来实现这一目标 | 通过解决环境问题和实现社会目标达到可持续发展 |
| 经济目标的角色 | 目的 | 手段 | 目的和手段 |
| 非市场目标的角色 | 环境问题作为综合核心要素 | 社会目标作为目的 | 整合的核心要素要有助于可持续发展 |
| 组织发展挑战 | 从关注环境问题到整合经济问题 | 从关注社会问题到整合经济问题 | 从小贡献到对可持续发展的巨大贡献 |

　　Miles(2009)阐述了可持续创业的概念，即以生态健康、社会责任和经济上获利等多种指标共同发展作为目标，从为环境与社会作贡献谋福利的方面去探索创业机会，然后通过成功实施这种类型的创业机会达到多种指标共同发展的目的。Hockerts 等(2010)将可持续创业定义为通过现有的市场不平衡，来发现和利用经济机会，这种市场不平衡促使一个部门向环境和社会等更具可持续性的方向转变。从更广泛的角度来说，可持续创业对于新生企业而言，涉及核心价值观和既定商业模式的基本问题。因此，关于可持续创业的文献超越了对绿色创新或企业社会责任的研究。可持续创业背后的核心理念是企业家在追求机遇时，所开展的活动不得破坏其运作的生态和社会环境(Shepherd & Patzelt，2011)，并且在可能的情况下，他们必须恢复或培养这种环境以恢复自然、社会和经济活动之间的平衡(Parrish，2010)。Augenstein 和 Palzkill(2016)认为可持续创业是从环境创业、社会创业和制度创业三者的基础上进一步发展而来的，旨在实现更全面的业务方法，为组织本身的可持续性做出贡献，同时也为组织对整个市场和社会的可持续发展做出越来越大的贡献。

　　尽管不同学者对可持续创业的定义各有不同，但都无一例外地阐述了在创业的过程中要兼顾环境、社会和经济三个方面，这与 Elkington（1998）所说的"三重底线（TBL）"异曲同工（见图 2-1），并且现实中零售商和工厂根据"三重底线（TBL）"概念，已经显著改变了他们的生产机制和制造系统（Belz & Binder，2017）。

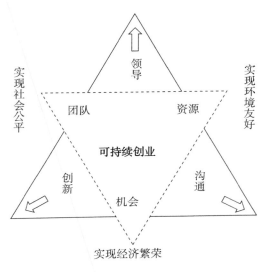

图 2-1　可持续创业整合框架

　　其中，环境底线是企业的发展不能以破坏环境为代价，在发展的同时要兼顾环境底线；社会底线则要求企业对更多的利益相关者负责，对社会公众负责；经济底线则是企业的发展要能够获取经济利益，即传统意义上的经济效益。Young 和 Tilley（2006）利用三重底线模型来概念化可持续创业的现象，并随后将可持续企业家定义为"将经济、社会和环境创业目标整体融入一个可持续发展的组织，并以其创造的形式实现可持续发展的个人"。可持续创业通过探索创业与可持续发展的交叉领域，以实现保护生态系统并提供经济和非经济收益给投资者、创业家和社会的目标。从 TBL 的角度来看，可持续创业体现了创业研究的发展进阶，从一开始仅仅追求经济利益慢慢转化为追求经济利益、环境效益和社会效益的共存，进而形成了生态创业和社会创业等多种价值取向的创业实践研究，丰富了已有的商业创业研究关于可持续创业，学界尚未形成统一的定义，代表性观点如表 2-3 所示。

表 2-3                          可持续创业定义表

| 研究学者 | 出处 | 观点 |
|---|---|---|
| Crals 和 Vereeck (2004, p. 2) | The 3rd Global Conference in Environmental Justice and Global Citizenship | 可持续创业是持续承诺于道德地从事商业活动，在促进经济发展的同时，改善员工及其家人、当地及全球社区以及未来世代的生活质量 |
| Cohen 和 Winn (2007, p. 35) | *Journal of Business Venturing* | 可持续创业是对创业者如何发现、创造和利用未来商品和服务的机会的考察，以及对经济、心理、社会和环境造成的后果 |
| Schaltegge 和 Wagner (2010, p. 226) | *Business Strategy and the Environment* | 从狭义上说(针对新兴公司)，可持续创业是富有创造力的新兴公司的创业活动，其提供的产品和服务既有益于环境和/或社会，也具有占领较大市场份额的潜力<br><br>从广义上说(纳入公司创业)，可持续创业通过有益于环境或社会的突破性市场创新或制度创新，创造经济和社会价值，是一种市场导向、个人特质驱动的富有创新力的价值创造形式 |
| Shepher 和 Patzelt (2011, p. 142) | *Entrepreneurship: Theory and Practice* | 可持续创业是一个发现并开发机会带来未来产品、生产流程和服务的过程，在此过程中关注自然、生命支持系统和社区的维持与保护，同时为个人、经济和社会创造经济效益和非经济效益 |
| Lans 等 (2014, p. 38) | *Journal of Cleaner Production* | 可持续创业被视为通过将可持续性视为新的商业机会来产生竞争优势的一种方式，从而产生新的和可持续的产品 |

综上，本研究认为可持续创业的概念是：企业家为追求收益而开展的活动不得影响其经营所处的生态和社会环境；必要时，他们必须恢复或培养这种环境，以恢复自然、社会和经济活动之间的平衡（Parrish，2010；Shepherd & Patzelt，2011）。考虑到创业的概念已经被用于包含个体、团队和整个组织在内的许多不同层次，为对创业本质的理解设置了障碍，有必要对本研究的研究层次进行说明。正如前面给出的可持续创业的定义一样，本研究关注的是个体层面的可持续创业行为。

若是没有创业者采取行动，任何机会都不会被利用，任何企业也都不会存在、生存或成长（Bird et al.，2015）。关于可持续创业的研究兴起于 20 世纪初，已有的可持续创业研究以基于文献或案例的质性研究为主，Fellnhofer 等（2014）对截至 2013 年底已发表的可持续创业相关研究进行了统计，发现六成以上的研究都为质性研究。自 Venkataraman（1997）提出的创业研究寻求去理解催生未来产品和服务的机会是如何被发现、创造和开发，实施这些活动的主体是谁，以及这些活动带来了哪些后果以来，可持续创业研究围绕着这个逻辑不断丰富着现有研究，主要探究了可持续创业动机、创业过程中的战略行动、可持续创业绩效，以及可持续创业的支持因素和挑战等三题。

从制度经济学的经济人视角出发，许多学者强调可持续创业者就像追求创业前景的机会型创业者一样，受到蕴藏在市场之中的大量可持续创业机会的驱动，进而选择了可持续创业行为以获取经济利润（Cohen & Winn，2007；Dean & McMullen，2007；Silajdžić et al.，2015）。市场缺陷和市场失灵理论常被用来探究可持续创业机会的产生（李雪灵等，2015）。Cohen 和 Winn（2007）认为各行各业中都存在着大量与环境问题相关的市场缺陷，如：公司低效率的资源配置、外部性、定价机制缺陷和信息不对称等，这些市场缺陷在加速环境恶化的同时，也能够催生激进型技术和创新商业模式，为可持续创业者带来无限商机。Dean 和 McMullen（2007）指出与环境相关的市场失灵提供了大量的可持续创业机会，创业者可以通过产权创业、制度创业、破除垄断创业、政治创业、信息创业等方式，打破公共产品、外部性、垄断势力、政府干预失当和信息不完善等市场失灵中存在的市场壁垒创造财富，进而促进市场效率的提升，并且创造环境和社会效益。

这种强调机会的可持续创业行为视角不区分创业者的个体特质，将可持续创业视为把握新机会的一种特殊创业活动，倾向于认为创业者主要是在寻求自我利益的动机驱动下作出了可持续创业行为。不同于以上研究倾向于认为创业者主要是在寻求自我利益的动机驱动下做出了可持续创业行为，可持续创业不同于传统商业创业者的利他特质也得到了学者的关注（Schlange，2006；Shepherd et al.，2009；Kuckertz & Wagner，2010；Parrish，2010；Patzelt & Shepherd，2011；Wagner，2012；Santiago，2013；翁晓蓉，2014；etc.）。可持续创业者非常强调其使命中的生态目标，他们创业的主要动机可以归结为社会和道德因素（Schlange，2006），他们不仅仅寻求利润，而且还期望改善社会不公平现象（Santiago，2013）。Parrish（2010）指出可持续创业者将为可持续发展作出贡献作为主要动机，建立一个切实可行的盈利企业是实现这个目的的一种方式。Patzelt 和 Shepherd（2011）认为对自然环境或社区环境受到威胁的感知以及利他主义会激发可持续创业行为。York 等（2016）指出环境可持续创业者受到了基于商业逻辑的竞争身份和基于生态逻辑的亲社会身份的双重驱动，两种身份的耦合（即没有哪一方身份呈现主导地位）是最理想的状态，因为这种创业者往往会采用一种因果颠倒的创业逻辑（Effectuation）来开展与利益相关者沟通等创业活动，进而更加可能创造新的方法和全面的可持续发展效益。然而，超越自利导向的可持续发展导向驱动的可持续创业者更加值得关注，因为这会使可持续创业领域不再局限于探究依赖市场激励的双赢方法和机会，而是看到主观能动性带来的巨大潜力（Parrish，2010）。

## 四、可持续创业的研究框架

现有的可持续创业研究主要探究了可持续创业的驱动因素、创业过程中的经营策略、可持续创业绩效，以及可持续创业的支持因素和挑战等主题，如图 2-2 所示。

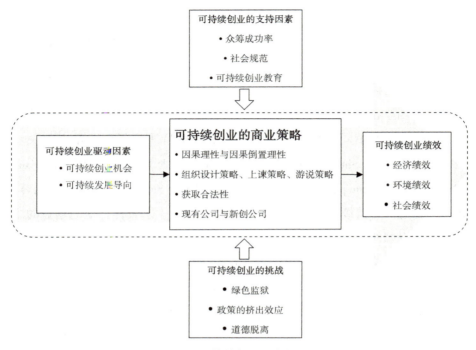

图 2-2　可持续创业研究框架图

## (一)可持续创业的驱动因素

许多学者都聚焦于探究为什么某些人会形成可持续创业的意图。从制度经济学的经济人视角出发，许多学者强调可持续创业者就像追求创业前景的机会型创业者一样，受到蕴藏在市场之中的大量可持续创业机会的驱动，而选择了可持续创业(Cohen & Winn，2007；Dean & McMullen，2007；Silajdžić et al.，2015)。Cohen 和 Winn（2007）认为各行各业中都存在着大量与环境问题相关的市场缺陷，如：公司低效率的资源配置、外部性、定价机制缺陷和信息不对称等，这些市场缺陷在加速环境恶化的同时，也能够催生激进型技术和创新商业模式，为可持续创业者带来无限商机。资源的低效率配置意味着创业者可以应用循环经济等模式来提高自然资源的生产力，迎合日益增长的生态效率需求；与自然环境有关的负外部性意味着创业者可以通过开发新型技术和供应链服务最大限度地减少、消除或甚至改善先前的负外部效应，甚至创造积极的环境外部效应；未能充分反映自然资源价值的定价机制需要经济性激励和惩罚来辅助，而且会逐渐提高其精确性，这就指引着创业者摆脱对可耗竭资源的依赖，通过突破性科技开发可再生资源的价值；有限理性使人们在对资源、市场和机会进行评估时，无法获取全部有用的信息，那么创业者就可以利用市场信息不对称，通过利用信息优势和补充资源提供辅助资源环境决策的服务。Dean 和 McMullen（2007）指出与环境相关的市场失灵提供了大量的可持续创业机会，创业者可以通过产权创业、制度创业、破除垄断创业、政治创业、信息创业等方式，打破公共产品、外部性、垄断势力、政府干预失当和信息不完善等市场失灵中存在的市场壁垒创造财富，进而促进市场效率的提升，并且创造环境和社会效益。然而，Choi 和 Gray（2008）通过对 21 位可持续创业者的访谈发现，大部分被调查的可持续创业者最主要的创业动机并不是追求更多的经济财富，而是谋生，这说明也存在部分的可持续创业者是生存型创业者。

不同于以上研究倾向于认为创业者主要是在寻求自我利益的动机驱动下做出了可持续创业行为，可持续创业不同于传统商业创业者的利他特质也得到了学者的关注（Schlange，2006；Shepherd et al.，2009；Kuckertz & Wagner，2010；Patzelt & Shepherd，2011；Wagner，2012；Santiago，2013；etc.）。可持续创业者非常强调其使命中的生态目标，他们创业的主要动机可以归结为社会和道德因素（Schlange，2006），他们不仅仅寻求利润，而且还期望改善社会不公平现象（Santiago，2013）。Patzelt 和 Shepherd（2011）认为对自然环境或社区环境受到威胁的感知以及利他主义会激发可持续创业行为。可持续发展导向，即对环境或社会问题的关心，会正向影响可持续创业意向（Kuckertz & Wagner，2010；Wagner，2012；Koe & Majid，2014）。Shepherd 等（2009）更是进一步探讨了潜藏在可持续发展下的价值观，指出包含自由、平等、团结、宽容、尊重自然、分担责任等维度在内的可持续发展价值观会影响到可持续发展导向的态度和行为。

如果完全没有创造财富的动机，个体尽管拥有强烈的渴望去解决环境或社会问题，也可能不会选择采用创业的方式；另一方面，如果没有对环境或社区的关注，创业者也可能不会坚持创造可持续发展价值，由此可见，可持续创业的驱动因素是创业导向和可持续发展导向的混合体（Parrish，2010；York et al.，2016；DiVito & Bohnsack，2017）。Parrish（2010）区分出机会驱动型和可持续发展驱动型的两种可持续创业者，认为机会驱动型可持续创业者的主要动机是建立一个可以盈利的事业，可持续性被视作一种市场机会，是实现盈利目标的手段；而可持续发展驱动的可持续创业者将为可持续发展做出贡献作为主要动机，建立一个切实可行的盈利企业是实现这个目的的一种方式。York 等（2016）指出环境可持续创业者受到了基于商业逻辑的竞争身份和基于生态逻辑的亲社会身份的双重驱动，两种身份的耦合（即没有哪一方身份呈现主导地位）是最理想的状态，因为这种创业者往往会采用一种因果颠倒的创业逻辑（effectuation）来开展与利益相关者沟通等创业活动，进而更加可能创造新的方法和全面的可持续发展效益。然而，超越自利导向的可持续发展导驱动的可持续创业者更加值得关注，因为这会使可持续创业领域不再局限于依赖市场激励的双赢方法和机会的狭隘研究（Parrish，2010）。

## （二）可持续创业的商业策略

Choi 和 Gray（2008）发现可持续创业者在机会识别、资源积聚、创立新企业、管理经营和成果验收这几个创业阶段中呈现出一些不同于传统商业创业者的特征，可持续创业者往往具有非同寻常背景，倾向于从非专业角度战略性地融资，并且采用新颖且健全的人力资源管理实践，他们除了拥有精明的营销策略和亲环境的高效率运营策略外，还善于找到创新方式来平衡矛盾的可持续发展目标。Muñoz 和 Dimov（2015）通过模糊集质化比较分析识别出两种基于实证的可持续创业过程：顺应型和革新型，先验知识、可持续导向、可持续创业意向、期望价值的创造、感知到的社会支持及商业支持的不同组合解释了这两种可持续创业过程中想法、行为和关系交换。顺应型的创业想法源自社会支持，行动的规划基于全面的价值创造和有利的商业环境，在关系交换过程中传达出强烈的可持续导向和商业环境的有利。革新型缺乏明晰的可持续发展想法，需要在缺乏社会支持的环境中行动，在关系交换中表现出环境支持的缺乏和希望为可持续发展问题提供商业解决方案的强烈意向。Belz 和 Binder（2017）也试图从全面的视角解读可持续创业者的创业过程，指出可持续创业过程包含以下 6 个阶段：识别社会或生态问题；识别社会或生态问题中存在的机会；开发满足双重底线的解决方案；开发满足三重底线的解决方案；筹资并且创建可持续企业；开拓或打入一个可持续发展市场，认为生态、社会和经济的三重目标并不是同时实现，而是整合性地逐步实现。

不同于上面提到的机会发现、评估和开发的创业因果理性（causation），York 等（2016）认为竞争身份和亲社会身份耦合的可持续创业者很可能采取因果倒置理性（effectuation）（张玉利，2011），他们的使命陈述充分体现了其混合身份，利益相关者会据此来自我选择是否同他们合作，进而可持续创业者能够充分整合自己从利益相关者那里获得的资源，最终开拓出一个新的市场，而不是基于对市场的预测制定好目标之后执行计划。类似地，Akemu 等（2016）发现诸如环保等社会运动会催生基于因倒置理性建立起的可持续企业。

除了全面探究可持续创业过程中使用的策略，也有学者瞄准了一些具体的策略。Parrish（2010）通过对 5 个成功的可持续创业案例进行深度分析，着重探讨了成功的可持续创业需要秉持的 5 大组织设计原则，分别是：资源永续、利益叠加、有限理性的战略决策、质化管理和贡献价值度，这些策略能够帮助可持续创业者缓解追求自己、他人和自然三者之间的平衡所带来的组织紧张感，熟练地在创业过程中使用这些原则很可能是将成功的可持续创业与失败的可持续创业区分开来的关键特征。Alt 和 Craig（2016）探究了公司内的可持续创业者如何使用上谏（selling issues）策略促使公司支持可持续变革，他们指出如果公司内部的社会可持续创业者能够准确地观察公司商业逻辑和社会福利逻辑的兼容性，以及公司对社会福利逻辑的承诺，将能根据不同的情境采取不同的上谏策略，更好地构建解决方案和描述动机，促进组织对社会问题相关谏言的采纳，进而发起社会变革。Waldron 等（2016）则是从在行业内推广可持续发展实践的角度，探究了社会可持续创业者如何使用游说策略来使行业成员同样接受并推行变革，扩大亲社会实践的影响力。

从组织制度学的视角来看，作为一个开放性系统的公司不能仅凭生产效率立足于市场之中，还需要取得所在环境的合法性（legitimacy），即满足利益相关者（如：投资者、供应商、顾客、员工、政府、社区、非营利结构等）的期望，取得其在物质、行动和情感上的支持，并将这些物质的和非物质的资源转化成价值，才能在激烈的竞争中占据一席之地。可持续创业是发生在一个多维度的经济环境中的人类活动，每一个维度都受到不同程度社会生态系统的支持，而自然和社会都有着自己的节奏模式，所以社会生态嵌入性和同步性（即同社会生态的节奏或周期保持一致）对于可持续创业的发展至关重要（Muñoz & Cohen，2017）。Wheeler 等（2005）通过分析发展中国家 50 个成功的可持续企业案例发现，发展中国家成功的可持续企业往往能够在一个基于信任的密集网络环境中蓬勃发展，即本地可持续企业网络（Sustainable Local Enterprise Network，SLEN），这个非正式网络包括企业、非营利组织、当地社区和其他行为者在内，可以导致对一个地区的金融、社会、人力和生态资本进行再投资的良性循环。作者发现，成功的SLENs 至少需要一个企业来确保网络的财务可持续性并作为其支撑点，而这一主角可能由非政府组织发起的合作社或盈利的社会企业来扮演。Schlange（2008）指出可持续创业者在构建利益相关者网络的时候并不是看重经济、生态和社会维度的交叉，而是采取一种更加包容和未来导向的视角，即他们所选择的利益相关者要么遵守既定社会规范（合法性），要么认同创业者的核心价值观（哲学），又或是拥有很大的潜力在经济、社会和生态层面引起变革（影响）。Kibler 等（2015）则是具体探究了可持续创业者的地域依附感(place attachment)，即是情感性依附(在意所在地区)还是工具性依附(利用所在地区)，会否影响到可持续创业者做出通过转换地域来获取社会合法性的决策。

事实上，公司会从风险而不是经济回报角度进行可持续发展决策。相比于小型公司，大型公司往往具有更为复杂的结构和繁杂的正式制度，缺乏实施剧烈变革的能力，机会成本更高，所以可持续发展所需的颠覆式创新行为带来的巨大风险会危及企业的生存，大公司会尽量采取弥补行为来应对外部利益相关者施与的可持续发展压力，以延长变革的准备时间，在弥补实践中积累可持续发展的经验逐步过渡；而小型创新公司的可持续发展决策取决于他们进行可持续发展变革的内部成熟度，主要是看自身是否具有实现激进式创新的能力来应对可持续发展的风险(Shevchenko et al.，2016)。从这一点上来说，新兴创业者或许能够更快地实现激进式创新，然而他们往往受到规模小而新创建带来的负担，比如：难以整合来自不同组织的资源(Gemünden et al.，1995)，因此现存企业更加适合扮演追随者的角色，利用更加富足的资产来将新兴创业者发起的激进步式创新推广至更大的市场(Schaltegger & Wagner，2010；Hockerts & Wüstenhagen，2010)。Schaltegger 等(2016)更是基于进化经济学开发了一个可持续商业模式扩散的演化路径框架，来分析可持续发展利基市场的先锋者和大众市场的传统参与者在如何在可持续创业过程中开发商业模式，进而实现大众市场的可持续发展转型。

### (三)可持续创业的绩效

可持续创业者将经济、环境和生态创业的目标全面地整合进一个组织内，实现了财富创造的可持续发展，即能够创造经济财富、环境财富和生态财富的混合价值，成为未来真正的财富创造者(Tilley & Young，2006)。Shepherd 和 Patzelt (2011)指出可持续创业能够带来非常广泛的收益，包括给个人、经济和社会带来的各种经济性和非经济性收获。创造经济利润对任何一种创业形式都非常重要，因为它提高了人们的社会经济地位，有利于提升个体的心理和生理健康。与此同时，可持续创业需要给个体带来涉及儿童生存率、个人寿命、教育、公平等的非经济的收益，并将其推广至更广大的社会受众。

关于可持续创业效益的探究大多存在于理论构建中，缺乏实证测量，这可能与可持续发展的构念涉及受众太广且产生效应的时间区间过长有关。道琼斯可持续发展指数（The Dow Jones Sustainability Indexes，DJSI）的问世是一个可喜的尝试，它颁布于 1999 年，主要是从经济、社会及环境三个方面以投资角度评价企业可持续发展的能力。经济维度包括：风险和危机管理、公司制度/执行力/贪污舞弊状况等；环境维度包括：环境报告等；社会维度包括：对专业人员的吸引力和人员稳定性、劳动力实践指标、企业公民/慈善行为、社会报告等。除此之外，B 型企业认证也为衡量可持续创业的绩效提供了一个工具。B 型企业（benefit corporation）又叫共益企业，是由 2006 年成立于美国的非营利机构 B Lab 发起的公司认证，旨在向全球推广兼顾获利、公平、共益的可持续企业。要成为 B 型企业，必须通过 B 型公司影响力评估（impact assessment），这套评估共有 150 个涉及环境、员工、顾客、社区和治理五大部分的题项，满分为 200 分（80 分为及格线）（Stubbs，2017）。环境部分通过公司的基础设施、使用的材料、资源和能源、排放量、运输分销渠道等评估公司的环境绩效，以及公司的产品或服务是否针对环境问题；员工部分测量了员工在薪酬福利、培训和股权激励等方面的待遇，以及包含上下级沟通、工作弹性、企业文化和劳动安全等在内的整体工作环境，以此来评估公司与员工的关系；顾客部分聚焦于公司向顾客提供的产品或服务时候有利于促进公共福利，如：改善健康问题、保护环境、为个体或社区创造经济机会以及推广文学或科学等；社区部分评估了公司的供应商关系、公司多样性、当地社区参与度，以及公司关于社区服务和慈善活动的实践和政策，另外也评估了公司的产品或服务是否是用于解决社会问题，如：基础服务、健康、教育和经济机会等等；治理部分评估了公司的责任制和透明度，关注公司的使命、利益相关者的参与程度以及公司实践和政策的整体透明度。

以上观点主要是基于三重底线，将可持续创业的效益分为经济、环境和社会三个维度，Majid 和 Koe（2012）指出还应该加上文化维度作为可持续发展的第四支柱，因为文化影响了可持续创业过程的方方面面（O'Neill Jr et al.，2009），维持一个社区的文化能够防止个体身份和社区身份的遗失（Shepherd et al.，2009）。

（四）可持续创业的支持因素

众筹是解决可持续创业者资金来源有限问题的有效途径，而创业项目的可持续发展导向可能会帮助创业者通过众筹的方式融资。众筹的可用信息有限导致尽调作用有限，而且众筹投资者具有分散和全球性的特点，社会资本在消除创业者和投资者信息不对称方面的作用也有限，因此对于以回报为基础的众筹，创业项目可能提供的回报及其使命强烈影响着支持者的投资额。Calic 和 Mosakowski（2016）通过对一个众筹平台的创业项目的调查发现，创业项目的可持续发展导向能都提高其众筹成功的可能性，因为创业项目的可持续发展导向与大众的社会文化价值观一致；其次，可持续发展导向使得创业者能够在复杂的认知框架下迸发出创新的火花，而高创造力的项目能够带来创新回报；此外，可持续发展导向能够帮助创业者获得合法性，即第三方的认可，进而降低了投资项目的不确定性。因此，可持续创业者在众筹时应该充分表达创业项目的可持续发展使命以获取更多的资源支持。

社会规范对于可持续创业活动的支持也得到了学者的关注。Meek 等（2010）认为由社会决定的分散的私人制度和由政府权威机构设计的公共的集中制度对于促进环境创业都很重要。Mcmullen 和 Warnick（2016b）指出由于不是所有的创业活动带来的功能失调都是创业者追求经济价值而不是混合价值造成的负外部性，大多数功能失调都是创新过程的产物，而社会价值的创造离不开创新，所以它们是不可避免且无法解决的，混合价值不应该作为规范或法律义务强制创业者实施，而是最好作为理想或指南引导创业者创造积极的外部效应。创业者可能因为忽视、需求不确定性和不在乎等放弃追求混合价值，也可能将混合价值的成本视为经营活动的必要和责任，进而自觉地追求混合价值。从这一点来看，可持续导向的创业教育可能是在创业者中推广混合价值观念的有效途径。

Bonnet 等（2006）发现教授工科学生如何形成商业理念、制定商业计划并且整合可持续发展方面的考量不仅能够提高他们的商业或创业相关的技能，而且使他们形成了一种整体思考商业事件的能力。面向潜在创业者的机会驱动的可持续发展课程能够提高创业者采取环境友好的方式展开创业行动的意向（Lourenço et al.，2012）。Lans 等（2014）进一步为高校的可持续创业教育设计了一个综合能力框架，涉及机会能力、社交能力、商业能力、行业相关技能、创业效能感等创业能力，以及系统思考能力、多样性和多学科包容性、前瞻性思维、规范能力、行动能力、战略管理能力等可持续发展能力。李华晶等（2012）基于中国的可持续创业教育实践现状，提出教学内容模块化、课程结构设计功能化、互动教学方法仿真化以及教学保障立体化等改进建议。

（五）可持续创业研究的挑战

许多大型公司迟迟未开展真正的可持续发展变革（Shevchenko et al.，2016），中小企业的可持续发展主动型也较弱（Koe & Majid，2014），这些现状在某种程度上说明可持续创业作为一种理想化的创业形式，也面临着许多挑战，意味着较高的创业风险。可持续商业模式能够带来集体性的收益，但是当创业者实施高成本的可持续创业活动的时候，由于其竞争对手可能不会承担这种成本，可持续创业者会处于劣势地位，市场激励的不足会迫使创业者放弃可持续创业。Pacheco 等（2010）将这种情况称为绿色监狱的囚徒困境：在这个监狱里，由于个人报酬和集体可持续发展目标之间的分歧，创业者被迫采取环境退化行为。然而 Pacheco 等（2010）也指出创业者可以通过改变或创建规范、产权和立法等制度来建立竞争性博弈的激励机制，从而逃离绿色监狱。

此外，政策也为可持续创业的发展设置了障碍。Hunt 和 Fund（2016）

发现通过补贴和税收的方式防止环境恶化的政策，虽然本意良好，但是补贴和税收倾向于支持寡头垄断行业结构，也就是说会通过创造近期激励措施来实施和推广现有的较为低劣的主导技术，同时限制创业创新的数量、质量和多样性，最终会排挤掉创业创新，而技术进步和组织创新对实现可持续发展具有决定性意义。在以市场为基础的条件下，或许内在动机比政策更能激励创业者的创新。

如前文所述，可持续创业研究强调了构建良好的利益相关者关系对于可持续创业的重要性，然而利益相关者的多样性似乎也会为可持续企业运营带来一些消极影响。

除了一般的创业挑战，可持续企业面临着特殊的内部和外部压力，外部压力涉及建立合法性和获取不同了利益相关者的支持，内部压力涉及在防止使命漂移的同时平衡社会、环境和经济目标，而利益相关者的民主化管理，特别是利益相关者委派董事会成员能够帮助可持续企业应对这些压力。董事会成员代表着不同的利益相关者，他们通过参与组织的决策使组织能够更好地平衡分离的利益相关者期望，然而利益相关者的多样性也可能导致董事会断层分组，不同的利益团体抱团会增加董事会的任务冲突，进而负面影响到董事会的任务绩效（Crucke & Knockaert，2016）。Crucke 和 Knockaert（2016）指出为减轻董事会断层对绩效的负面影响，可持续企业可以提高董事会成员们的组织目标一致性。

此外，可持续创业还面临着道德脱离（moral disengagement）的挑战，也就是说持有亲环境价值观的可持续创业者，在评估对环境有害的商业机会的吸引性的过程中，可能脱离自己的亲环境价值观，忽视机会带来的环境破坏效应（Shepherd et al.，2013）。Shepherd 等（2013）发现在创业者评估机会吸引力的过程中，当创业者的创业效能感高，或者感知到的市场包容性弱时，他们的亲环境价值观的脱离程度更强。

# 第三章
# 可持续创业量表开发

近年来，创业对促进社会可持续发展的强大作用越来越被实践界及学术界所关注。可持续创业作为一种新兴的创业方式，激起了研究者的兴趣。迄今为止国内外的文献主要对可持续创业的前因及边界条件进行了探讨，但关于可持续创业结果的研究较少，特别是通过实证研究的方式，本研究认为主要是由于受限于可持续创业行为测量的不成熟。基于此，本研究首先对可持续创业的概念、发展阶段、研究现状进行了系统的回顾；然后对可持续创业行为进行了量表开发，经过实证研究，可持续创业的结构包括传递理念、呆护环境、关注社会、目标交融4个方面，新量表具有良好的信度和效度

2015年联合国可持续发展峰会报道，全球依然有12亿人处于极端贫困状态下；全球足迹网2018年的一项研究估计，全球86%的人口生活在生态负债缠身的国家，环境与社会相关问题的解决对全球居民来说依然任重而道远。熊彼特主义观点的持有者坚信，创业将用一种新形式打破现有市场的均衡状态，形成新的经济活动，从而促进技术、经济与社会的革新。已有研究表明，创业的积极效用不仅涉及改善包含气候、土壤、水资源在内的生态系统和维护生物多样性（Cohen et al.，2007），也包含提高生产力、教育水平、社会经济地位和人与社会的独立性（Wheeler et al.，2005）。另一方面　面对诸多的环境和社会挑战，利益相关者期望企业能够满足经济、环竟和社会价值创造的"三重底线"（TBL）（Elkington，1998）。2015年的联合国峰会提出了17个可持续发展目标，旨在从2015

年到 2030 年间以综合方式彻底解决社会、经济和环境三个维度的发展问题，转向可持续发展道路。因此，可持续创业越发备受瞩目，它将引领一种响应时代呼唤的全新价值创造和传播模式（Choi et al.，2008），在应对可持续发展问题方面发挥关键作用。

创业可持续化的研究经历生态创业、社会创业再到可持续创业的发展阶段，主要是人们对可持续发展的认识更加全面，以及对创业效用的期望越来越大。尽管已有研究从个人（Patzelt & Shepherd，2010）、企业（Shevchenko et al.，2016）和社会（Hosseininia et al.，2016；Kushwaha et al.，2017）等多方面探讨了可持续创业的驱动因素，也肯定了可持续创业所能创造的社会价值。但一方面，提出了什么是可持续创业行为的问题，即可持续创业者及其企业会做出哪些行为兼顾并实现，这就要求我们将眼光聚焦于具体的行为上；另一方面，现有关于可持续创业的定量研究较少，对于其结果的实证研究更是非常少，这主要是因为缺乏测量可持续创业行为的量表。因此，本研究的主要目的是通过规范程序编制具有良好信效度的可持续创业量表。

## 一、可持续创业的测量

关于可持续创业的测量，学界尚未形成统一观点，Terán-Yépez 等（2020）认为当前关于 SE 的定义可以分为两个流派，一是基于可持续管理视角的，对于他们来说，他们强调 TBL 与可持续发展概念的重要性，创业活动是附属的，他们认为创业者应该将可持续发展视为独特的商业机会，它将有助于将当前经济转变为可持续经济，为各种社会和环境问题提供解决方案，代表学者如 Lans 等（2014）；二是基于创业过程视角的，学者们将 TBL 与创业过程结合，强调创业者与机会之间关系的重要性，他们认为创业者能完全意识到其企业对环境的影响，可持续发展是可持续商业模式的基础，创业者能识别长期的创业机会，代表学者如 Cohen 和 Winn（2007）。尽管学者们给可持续创业所下的定义有些许差别，但存在共同的核心思想——可持续性要求企业在创业过程中平衡经济、社会和环境的需要及目标（Tang et al.，2012；Cardon et al.，2013；Kolk et al.，2014），这与 Elkington（1994）的三重底线（Triple Bottom Line，TBL）观点相契合。

Munoz 和 Cohen（2017）主张从动态视角来看待三重价值，他们认为可持续创业并不是商业、社会、生态三重价值的简单叠加，自然和社会都有着自己的节奏模式，可持续创业是发生在一个多维度的经济环境中的人类活动，每一个维度都受到不同程度的社会生态系统的支持。所以社会生态嵌入性和同步性（即同社会生态的节奏或周期保持一致）对于可持续创业的发展至关重要。基于以上观点，本研究认为可持续创业指的是创业者及其企业利用有关环境或社会问题的机会，通过产品、服务、生产流程、战略、业务领域以及商业模式等方面的创新开辟新事业的一种独特创业行为，它可以创造经济、环境和社会价值，促进可持续发展变革。

现有的研究对可持续创业的测量方式主要有三种：一是使用相似概念，如 González 等（2017）运用"责任和可持续管理"这一概念进行测量，使用的是 MERCO 责任公司排名及道琼斯指数等客观指标以及根据企业的愿景和使命衡量企业对社会责任的重视程度，这一概念与企业社会责任的构念联系得更为紧密，而不是真正意义上的可持续创业。二是使用单题项，询问被试者"是否愿意进行可持续创业？"（Kushwaha et al.，2017），这没有展现具体的创业行为，且也是对于意愿的测量。三是用可持续创业倾向或导向的量表（Vuorio et al.，2018；Yan et al.，2018），而意向（或导向）并不能等同于行为。Munoz 等（2015）认为，导向、意向、行为是层层嵌套的，导向与意向能预测行为，属于行为的前因变量，意向（导向）是否能转换为具体的行为会受到多方面因素的影响。所以，用可持续创业倾向或导向并不能准确测量可持续创业行为，并且基于此测量方式对于行为产生的结果或价值的预测也是不精确的。

对于可持续创业的量表开发，学者们也一直在做努力，较有代表性的是 Munoz 等（2015）开发的"可持续导向的创业行为"（sustainable-oriented entrepreneurial behavior）的 8 题项单维量表。而正如之前所提及的，可持续创业是一个多维的构念，其行为表征也应是多维度的，可持续创业者及其企业的可持续创业行为是内生的，而不是外部强迫的，它可能会体现在创业者自身及其企业产品、服务、生产流程、企业文化、业务领域以及商业模式等各个方面。其次是 Tarnanidis 等（2019）基于三重底线原则，从价值创造的视角总结的量表，包括"内部社会价值""外部社会价值""环境价值""经济价值"4 个方面，但该量表没有进行规范的信效度检验，不能直接用于定量研究中。所以，有必要深入探究更能体现可持续创业行为的规范的测量量表。

## 二、基于内容分析法的可持续创业维度研究

创业已被视作有助于解决可持续问题的催化剂，以及推动经济和社会可持续发展的中心力量。这种创业研究可持续化的趋势萌生于生态创业的研究之中。一方面，工业经济的飞速发展带来了大量的环境问题，亟待一种能够打破固有行业范式的创新形式来改善；另一方面，学者们发现生态活动中蕴藏着富有前景的新市场，有待企业去开发（Quinn，1971），因此从 20 世纪 80 年代后期开始，生态创业（ecopreneurship）、环境创业（environmental entrepreneurship）和绿色创业（green entrepreneurship）等研究主题受到越来越多的关注。Berele 和 Schaltegger 认为现有企业为追求成本、营销或创新方面的竞争优势，会将绿色创业作为绿色化战略予以实施。Kuckertz 和 Wagner[11]进一步指出，绿色创业是把绿色资源作为开拓市场、提升核心竞争力的创业行为，具有创新和创造绿色组织的倾向。Anderson 和 Leal（1998）、Keogh 和 Polonsk（1998）以及 Dean 和 McMullen（2007）将环境创业定义为发现、评价和开发在与环境相关的市场失灵中显现的经济机会的过程，认为环境创业者的核心活动是发现能解决环境问题的商业新概念并鉴定其市场影响力，从而获得成功。

在环境创业研究悄然兴起的同时，学者们也将视野扩展到创业的社会效益，并且注意到创业动机除了利己动机外还包含利他动机，如公共服务动机（public service motivation，包含对公共政策制定有兴趣、公共利益承诺、公民责任、同情心和自我牺牲五个维度），于是，社会创业（social entrepreneurship）研究日益丰富。社会创业的概念最早出现于 20 世纪 90 年代，指用于解决社会问题的一种基于市场的方式，它结合了创造社会价值和创造经济价值这样两种看似相互矛盾的组织目标。Dees 认为社会创业将创造持续的社会价值作为使命，并不断开发新机会来实现目标，它们勇于对服务对象和行为结果负责，不断地调整、创新和学习，进而为社会带来改变。

生态创业将解决环境问题作为盈利契机，以创造经济价值为最终目的；社会创业关注用市场方式解决社会问题，在经济目标实现的基础上创造社会价值。随着人们对可持续发展的认识更加全面，以及对创业效用的期望越来越大，可持续创业（sustainable entrepreneurship）这样一种内涵更加丰富的概念被提出并且备受瞩目。可持续创业强调经济、社会、环境三重目标的统一发展，不仅考虑经济行为与环境的相关性，也将社会问题纳入其中，所以可以将其视作对生态创业和社会创业研究的继承与发展。可持续创业通过探索创业与可持续发展的交叉领域，以实现保护生态系统并提供经济和非经济收益给投资者、创业家和社会的目标[19]。

根据本研究研究对象的特点，主要选取内容分析法以结合定量和定性研究的优点。美国传播学家 Berelson 提出，内容分析法是一种对具有明确特性的传播内容进行客观、系统、量化描述的研究方法，该定义在传播学界得到了广泛认可。我国学者邱均平等深入探究了内容分析的方法、范围、价值和分析单位等方面，指出内容分析法既可以叙述性解说传播内容，也可推论传播内容对整个传播过程产生的影响。目前在企业管理研究领域中，已有许多主题采用了内容分析法，如商业模式、技术和创新管理、管理者认知和社会问题管理等，因此，内容分析法有助于更有效地分析和解决本研究的主要问题。

根据 Berelson 和邱均平等国内外学者对内容分析法研究程序的介绍，本研究按照以下几个步骤展开研究：确定主题、选择样本、建构类目系统和量化系统、信度检验以及统计分析。

本研究的研究主题是可持续创业概念，鉴于可持续创业研究并不丰富，而可持续创业在某种程度上是在生态创业和社会创业研究的基础上发展而来，所以本研究将少量有关绿色创业和社会创业的代表性文献作为辅助。

## (一)样本选择

研究的样本总体来自于国内外可持续创业的研究成果，以期刊为主。本研究分别将英文关键词 sustainable、sustainability 与 entrepreneur、entrepreneurship、venturing 进行交叉配对形成 6 组英文关键词，将可持续创业作为中文关键词，将发表日期限定为 2017 年 4 月及之前，分别在万方数据库、EBSCO 商业数据库、Elsevier 数据库、Emerald 数据库、Jstor 数据库等进行搜索。本研究将发表在 JBV 等创业研究的代表性期刊以及 AMJ 等代表性管理期刊的文献作为重点研究对象。根据研究主题进行初步筛选后，共获得 90 篇英文文献和 3 篇中文文献，根据发表年限、研究方法对搜索到的文献进行分类，具体结果如图 3-1、图 3-2 所示。在阅读过检索到的文献后，本研究将文章中关于可持续创业概念的描述进行摘录。

本研究最终提取出 44 个关于可持续创业概念的描述作为样本(见表3-1)。

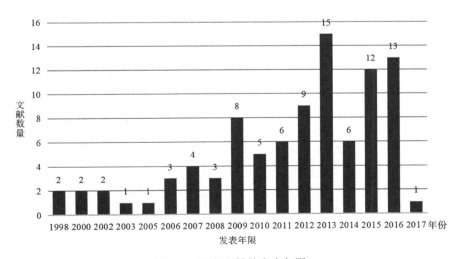

图 3-1 研究文献的发表年限

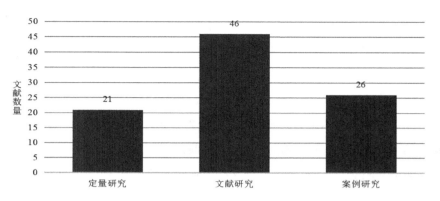

图 3-2 研究文献的研究方法

表 3-1 关于可持续创业概念的样本

| 序号 | 时间 | 作者 | 序号 | 时间 | 定义者 |
|---|---|---|---|---|---|
| 1 | 1998 | Keogh et al. | 23 | 2011 | Spence et al. |
| 2 | 2000 | Sagawa et al. | 24 | 2011 | Schaltegger et al. |
| 3 | 2002 | Schaltegger | 25 | 2011 | Shepherd et al. |
| 4 | 2003 | Gerlach et al. | 26 | 2011 | Clercq et al. |
| 5 | 2006 | Clifford et al. | 27 | 2011 | Patzelt et al. |
| 6 | 2006 | Schlange | 28 | 2012 | Majid et al. |
| 7 | 2007 | Cohen et al. | 29 | 2012 | 李华晶等 |
| 8 | 2007 | Dean et al. | 30 | 2013 | Arend |
| 9 | 2007 | Dixon et al. | 31 | 2013 | Atiq et al. |
| 10 | 2007 | Katsikis et al. | 32 | 2013 | Gauthier et al. |
| 11 | 2008 | Ambec et al. | 33 | 2013 | Santiago |
| 12 | 2008 | Cohen et al. | 34 | 2013 | Tilley et al. |
| 13 | 2008 | Choi et al. | 35 | 2014 | Katja et al. |
| 14 | 2009 | Gibbs | 36 | 2014 | 龙成志等 |
| 15 | 2009 | O'Neill et al. | 37 | 2015 | Munoz et al. |
| 16 | 2009 | Zahra et al. | 38 | 2015 | Silajdžić et al. |
| 17 | 2010 | Hall et al. | 39 | 2015 | Thompson et al. |
| 18 | 2010 | Hockerts et al. | 40 | 2015 | 李雪灵等 |
| 19 | 2010 | Pacheco et al. | 41 | 2016 | Schaltegger et al. |
| 20 | 2010 | Parrish | 42 | 2016 | Soto-Acosta et al. |
| 21 | 2010 | York et al. | 43 | 2016 | Zahra et al. |
| 22 | 2010 | Young et al. | 44 | 2017 | Munoz et al. |

### (二)建构类别

本研究在文献阅读的过程中发现，经济可持续、社会可持续、生态可持续这三个方面在可持续创业概念中的重要性几乎得到了研究者们的一致认可。因此，文章遵循演绎的方法，在经济、社会和生态三个维度的方向指导下，基于可持续创业的已有文献展开内容分析，以保证研究的准确性。本研究借助 NVivo11 软件，对摘录的 44 个概念描述及其构成要素进行了系统的内容分析。具体步骤如下：

首先，在反复阅读样本的基础上，利用软件的自由编码功能形成自由节点，此过程由三位接受过培训的编码者独立完成（培训内容包括研究的整体工作概况、内容分析法的步骤和注意事项，以及各类项目的操作化定义）。对同一篇文章中意义重复的两个段落内容只进行一次编码，对多次被引用的案例也只编码一次。随着对资料的深入研究，本研究摒弃了 18 个与本研究内容无关的无效节点，在不遗漏关键意义段落的前提是上尽量精简概念数，最终得到有效参考点 108 个，有效率为 85.7%。然后，本研究基于穷尽、互斥和独立的原则在一阶编码的基础上展开二阶编码，即先独立地对从相关描述中提炼出来的若干关键词进行分析归类，再针对不一致的归类进行讨论，消除分歧并剔除了无法被归入任何类别的一阶编码 8 个，从而各自形成了 23 个二阶编码。最后，进一步提炼二阶编码，剔除出现总频次在 5 次及以下的二阶编码，最终得到 10 个三阶编码，分别是：社区繁荣、社会公平、生活质量改善、道德经营、生态效益、生态效率、生态公平、商业创新、竞争优势、经济增长。本研究按照关键词出现总频次的多少，把 10 个三阶编码分社会、生态、经济三方面进行排序（见表 3-2），以显示已有文献的共性。

表 3-2                                    可持续创业概念编码表

| 三阶编码<br>（10 个） | 二阶编码<br>（23 个） | 一阶编码<br>（108 个，出现总频次为 495） |
|---|---|---|
| 社会<br>可持续 | 社区繁荣<br>（55） | 当地发展<br>（17） | 促进边缘社区的经济发展、促进社区发展、改善边缘群体的生活条件、促进当地发展、开发当地市场、利用当地资源、提高教育水平、改善社会结构 |
| | | 社会凝聚<br>（28） | 保护社区、提高社会凝聚力、培育紧密的社会联系、促进社会信任、地域维持 |
| | | 文化传承<br>（10） | 文化、文化保护、保护文化遗产、促进文化认同 |
| | 社会公平<br>（53） | 代际公平<br>（16） | 代际公平、代际财富公平分配、填补缺口、缩小差距 |
| | | 代内公平<br>（37） | 代内财富公平分配、社会公平、社会公正、机会平等、男女平等 |
| | 生活质量<br>改善<br>（42） | 促进就业<br>（6） | 创造就业岗位、雇用当地劳动力 |
| | | 保障劳动者<br>权益（16） | 保护人权、促进劳动力的福祉、满足弱势群体的需求、抵制不道德的劳动力实践、保障劳动力工作权益、负责任的雇佣实践 |
| | | 提高生活<br>质量（20） | 提高生活质量、减少贫困、改善当地穷人的生活、促进身心健康、延长生存寿命、提高主观幸福感 |
| | 道德经营<br>（40） | 道德（11） | 道德行事、遵守道德准则 |
| | | 社会责任<br>（29） | 社会责任、企业社会责任、满足利益相关者、消费者价值、消费者效用、创造积极的外部效应、支持社会公益 |

续表

| 三阶编码<br>（10个） | 二阶编码<br>（23个） | 一阶编码<br>（108个，出现总频次为495） |
|---|---|---|
| 生态<br>可持续 | 生态效益<br>（78） | 生态恢复<br>（46） | 促进环境恢复、保护自然资源、环境管理、维持生态系统的稳定性、保护环境、减少环境恶化 |
| | | 生态强化<br>（32） | 生态效益、生态强化、维护生态多样性、保护濒危物种、提升环境质量、促进环境教育 |
| | 生态效率<br>（65） | 节约资源<br>（34） | 减排、降低污染、废物处理、减少浪费、资源永续、减少资源消耗、提高能源利用率 |
| | | 清洁生产<br>（31） | 环境友好的生产流程、使用清洁科技、环境友好型产品和服务、循环利用资源、使用可再生材料或能源、应用循环经济 |
| | 生态公平<br>（10） | 生态公平<br>（10） | 维护生态公平、保持资源利用的代际平衡 |
| 经济<br>可持续 | 商业创新<br>（57） | 破坏性创造<br>（35） | 破坏性创造、激进的创新、产品创新、流程创新、科技创新、可持续发展创新、可持续导向的创新 |
| | | 管理创新<br>（22） | 战略创新、制度创新、商业模式创新、组织设计创新 |
| | 竞争优势<br>（49） | 经济收益<br>（37） | 财务回报、创业租金、经济利润、利润再投资、收益分配 |
| | | 降低成本<br>（6） | 节约成本、降低交易成本、减少运营成本、提高效率 |
| | | 市场影响力<br>（6） | 提高市场影响力、维系企业声誉、抢占市场份额 |
| | 经济增长<br>（46） | 促进竞争<br>（8） | 促进市场竞争、经济繁荣 |
| | | 行业变革<br>（7） | 促进行业变革、创造新市场、传播新信息 |
| | | 完善机制<br>（31） | 弥补市场缺陷、改善市场失灵、促进经济发展、促进经济公平 |

注：第2、3列括号中数字为该阶段编码下关键词的总频数。

### (三)统计与分析

在上述分析步骤的基础上,对三阶编码所得到的结果进行统计分析,可以得到可持续创业概念指标在44个可持续创业概念描述中出现的频次及频率(见表3-4)。

表3-4　　　　　　　　可持续创业概念指标频数和频率分析

| | 指标名称 | 频次 | 频率/% | 排序 |
|---|---|---|---|---|
| 社会可持续 | 社区繁荣 | 55 | 11.1 | 4 |
| | 社会公平 | 53 | 10.7 | 5 |
| | 生活质量改善 | 42 | 8.5 | 8 |
| | 道德经营 | 40 | 8.1 | 9 |
| 生态可持续 | 生态效益 | 78 | 15.8 | 1 |
| | 生态效率 | 65 | 13.1 | 2 |
| | 生态公平 | 10 | 2.0 | 10 |
| 经济可持续 | 商业创新 | 57 | 11.5 | 3 |
| | 竞争优势 | 49 | 9.9 | 6 |
| | 经济增长 | 46 | 9.3 | 7 |

表3-3和表3-4表明,可持续创业是一个内涵广阔的变量,涵盖了社会可持续、生态可持续和经济可持续三个方面的内容,每一个方面由多个指标构成。在44个关于可持续创业概念的描述中,这三方面出现的频率差异并不悬殊(经济维度出现频率为30.7%,环境维度出现频率为30.9%,社会维度出现频率为38.4%)。具体类别如下:

社会可持续包括:①社区繁荣,涉及当地发展、社会凝聚和文化传承等方面。社区指的是一群个体间的复杂关系网,这群个体享有共同的价值观、规范、意义、历史和身份。一个社区的文化、群体和地域使其与其他社区区别开来,如果这些因素受到威胁,社区就可能破裂。社区的维系有助于当地的发展和个体身份感的强化，而可持续创业可以致力于保护当地文化、提高社区凝聚力、开发边缘社区经济，使社区得以延续。如，Peredo 和 Chrisman（2006）认为基于社区的企业扎根于社区文化、自然和社会资本，缓解贫困的同时也保护了自然环境。②社会公平，包括代际公平和代内公平。代际公平是指每一代人拥有同样的权利享受资源和财富，当代的发展不能影响下一代人的需要。可持续创业对自然资源、社区文化等方面的保护使得生态和社区能够可持续发展。代内公平是指每一个人生而平等，在共同生活的社会上，享受权利也承担义务，有平等的就业机会等。③生活质量改善，企业存在于一个社区当中，会对当地的经济发展、就业机会和自然环境等产生很大的影响，良好的企业发展必定会带动当地的经济发展，给当地人民提供更多的就业机会，践行道德的劳动力实践以保障劳动者权益，让更多的人远离贫困，从而改善生活质量。④道德经营，企业在为社会提供商品和服务的同时，也需要遵守道德准则并承担着一定的社会责任。为实现企业与社会的可持续发展，企业不应只停留在遵守环境保护法、劳动保护法和消费者权益法等法律法规的层面上，还应积极地满足利益相关者的需求，主动减少生产经营活动给社会带来的消极影响并努力创造积极影响。

生态可持续包括：①生态效率（eco-efficiency），指企业能够最小化生产对生态的负面影响的程度。许多可持续创业以环境创新为开端，或者由绿色化目的而触发。这类企业以"可持续"为目标，能够进行长期且全面的绿色创业。它们往往采用环境友好型技术或者重视经营污染的治理，努力节约资源、减少浪费并控制污染，以使企业对环境的副作用最小化。②生态效益（eco-effectiveness），可持续创业的绿色实践除了有效率也需要有效果，所以需要在环境恢复、环境再生和环境强化方面做出更多的努力。维持生态系统的稳定性对于社会中每一份子都有着非常重大的意义。鉴于人们生态保护意识的提高，而且对生态产品不断增长的需求是可持续创业的重要驱动因素，可持续创业者也需要做出努力来促进环境教育，提升绿色消费者数量，并不断发挥绿色组织战略伙伴的标杆作用。③生态公平，强调资源利用的代际平衡。可持续创业需掌握资源永续的组织设计原则，即如何永续利用资源来产生持续的现金流，并在尽可能长的时间里保持并加强资源运行的质量。

经济可持续包括：①商业创新，可持续创业需要在机会的海洋中识别出兼具三重价值潜力的机会，它们采取的方式通常是会带来产品创新、流程创新和商业模式创新等的破坏性创造，这种创新是推动社会向可持续转变的主要动力。②竞争优势，可持续创业要长久发展下去必须获得竞争优势。经济收益和降低成本指企业作为一个经济个体，必然要追求一定的经济净利润，这是企业正常运营以实现更多战略目标的基础，这种盈利逻辑同创业与价值创造之间的紧密联系一致。从广义上讲，利润回报并不仅仅指公司的财务回报，还包括财务回报在设备、基础设施、研发或其他用途的再投资，以及在利益相关者之间的收益分配。除此之外，在可持续发展的背景下，可持续创业有利于企业提高市场影响力、维系企业声誉和抢占市场份额。③经济增长，可持续创业对经济环境应该有着持续的经济影响，比如提升经济发展活力、市场竞争力，增加顾客效用。社会影响力大的企业的各种行为在行业中有一定的标杆作用，市场份额占据主导地位，这就意味着它们的表现也会给经济制度的建设产生很大的影响。可持续创业往往意味着在阻碍可持续发展的市场缺陷中发现创业机会，而对环境和社会的关注必定会带来良好的企业声誉和形象，进而对在位企业产生一定的冲击，加大行业内的竞争，促进行业良性发展。

虽然研究可持续创业的学者们普遍接受用 Elkington 在 1994 年提出的三重底线来描述什么是可持续创业，但是却存在静态和动态两种解释视角。静态视角以 Gibbs（2009）、Schlange（2009）和 Tilley 和 Young（2013）等为代表，倡导大家将可持续创业视作经济价值、社会价值和生态价值的重合部分，即能够同时创造经济、社会和生态价值的创业才能够称为可持续创业。而 Munoz 和 Cohen（2017）主张从动态视角来看待三重价值，他们认为可持续创业并不是商业、社会、生态三重价值的简单叠加，自然和社会都有着自己的节奏模式，可持续创业是发生在一个多维度的经济环境中的人类活动，每一个维度都受到不同程度的社会生态系统的支持。所以社会生态嵌入性和同步性(即同社会生态的节奏或周期保持一致)对于可持续创业的发展至关重要。

### 三、可持续创业量表的结构维度

我们根据先前学者的研究贡献，基于 TBL 理念，遵循既定程序进行量表的开发，图 3-3 显示了其过程，下面也将详细描述各步骤的具体内容。

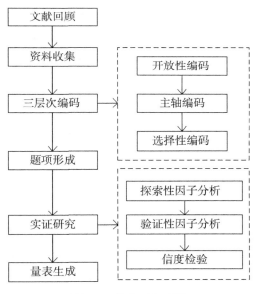

图 3-3　量表开发步骤

### (一)收集原始资料

首先，对可持续创业的相关研究进行分析，深入挖掘其内涵。其次，在数据库中检索其国内外研究成果(共 200 余篇文献)，了解其现有的测量方式。由于可持续创业研究方式的特殊性(主要以定性研究为主)，我们在案例分析类型的文章中提取访谈资料作为量表开发原始资料的一部分(即二手资料）。再次，我们深入创业企业，与 12 位创业者进行面对面的半结构化深度访谈，以获取一手资料，了解他们在创业中做出的以及可能做出的可持续创业行为，每次访谈时间在 45～60 分钟，访谈内容包括"您如何看待可持续创业?""你为什么选择这种创业形式?""在可持续创业过程中，您和您的企业是怎么做的?"等。另外通过实地调研，以及结合企业的网站新闻、网络报道等进行三角证据取证，确保访谈数据的真实性。最后，我们编制了开放式问卷收集信息，共回收问卷 127 份。

整个一手资料收集过程历时 6 个月，深度访谈、实地考察、网络信息以及开放式问卷回答整理成文字资料共 50000 余字（部分访谈内容见附录三）。本研究主要对从文献中收集的二手资料、从访谈以及开放式问卷中的一手资料进行文本分析，其他资料作为辅助材料。

表 3-5　　　　　　　　　　部分访谈对象的企业概况

| 创业企业名称 | 企业特征 | 主要业务 |
| --- | --- | --- |
| HNYH | 创立于 1996 年<br>员工数量 1000 余人 | 户内外高压开关各类配套件的设计、制造与装配，生物质能发电等 |
| BRD | 创立于 1995 年<br>员工数量大于 1000 人 | 新型节能建材的生产与销售 |
| ZCWL | 创立于 2004 年<br>员工数量 300～500 人 | 提供财务、供应链、生产、人力资源等行业解决方案 |
| HHXF | 创立于 1998 年<br>员工数量大于 1000 人 | 超硬复合材料生产与销售 |
| WM | 创立于 2018 年<br>员工数量 30～50 人 | 无障碍辅助产品研发、生产与销售 |
| XLF | 创立于 2014 年<br>员工数量 30～50 人 | 绿色无污染蔬菜种植与销售，农艺教育 |
| …… | …… | …… |

### （二）编制初始问卷

所有的文本材料由三位经过培训的编码员使用 NVivo 12 进行编码。编码过程包括开放式编码、主轴编码和选择性编码三步。

在开放性编码中，编码员尽量使用原生代码，所有的文本资料在一阶编码时共形成有效语句 467 句（见表 3-5），之后的二阶编码通过多次合并表述相同或相近、语义重复的条目，得到可持续创业的问题项以及频次排序（见表 3-6）。删除频次较低的题项后，形成了由 40 个条目组成的可持续创业的初始调查问卷。请多位创业者以及创业研究的专家对所有条目进行适当性和准确性的评估，最后保留了 22 个题项。

表 3-6　　　　　　　　　　　访谈资料编码示例

| 访谈摘要 | 开放性编码 | 主轴编码 |
|---|---|---|
| | 初始概念（题项） | 范畴（维度） |
| 我们运用技术或者 IT 项目的手段去引导我们客户，去考虑环保的问题，降低污染，减少企业浪费或污染……（a2） | A1 向客户传递可持续发展理念 | 传递理念 |
| 我们在为企业培训人才的同时，这些人才也会把很多理念带到本公司……（a7） | A2 向员工强调可持续发展的重要性 | |
| 今年我们公司，也在提倡可持续，在年终会议的时候鼓励员工积极行动，关注社会问题。（a10） | A3 企业文化倡导可持续发展 | |
| 公司的文化也都是这样的，倡导可持续发展，要诚信立业……（a13） | …… | |

续表

| 访谈摘要 | 开放性编码 | 主轴编码 |
|---|---|---|
| | 初始概念（题项） | 范畴（维度） |
| 我们的产品本来也是属于低碳环保，从产品这个层面上来说，一直也是往可持续发展上走的。（a11） | B1 研发、生产和销售环保无污染的产品 | 保护环境 |
| 我们始终把管理当成一个重要的事情去做的，我们运用我们的管理团队去接管新企业，通过精打细算，降低成本，花销透明化，通过好的管理，化解压力。（a33） | B2 公司通过创新与管理来降低成本 | |
| ……从生产加工的角度，主要是两块，一是生产加工中的污染控制，如过滤，研发，研发是最重要的（a40） | B3 生产过程污染管控 | |
| ……二是技术更新，流程再造和管理。可持续性一是不对生态环境造成污染，再就是给企业带来利润，让它有生存空间，才能可持续。（a41） | B4 注重技术投入和发展，解决可持续发展中的问题 | |
| …… | …… | |
| 公司对贫困的扶助，只要政府有号召，我们都会去做的，比如公司每年对大学生资助，我们每年都会做……（a20） | C1 公司积极参加扶贫行动 | 关注社会 |
| 站在盲人的角度研发产品解决问题，让他们平等的享受互联网所带来的便利，平等的参与，而不是把他们隔离。（a25） | C2 站在弱势群体的角度思考问题 | |
| ……其实现在的人们并不是说买不起10多元的菜，而是他们并不相信我花10多元和1元买的菜有区别，当所有的过程开放透明的时候，自然就有更多的消费群体了。（a60） | C3 通过流程透明措施缓解社会信任危机 | |
| …… | …… | |

续表

| 访谈摘要 | 开放性编码 | 主轴编码 |
|---|---|---|
| | 初始概念(题项) | 范畴(维度) |
| 从我的角度来看,这种改造世界的企业它能不能存在或存活下去在于它能不能满足社会的需求,无论是产品还是服务,如果能满足,就证明它应该活下去,满足的需求越大(越能解决痛点),那么它的价值也就越大。(a56) | D1 产品与服务满足社会需求 | 目标交融 |
| 初创者的"初心"是大原则,如果不搞生态农业,不搞山区民宿,就是为了挣钱,他的出发点、初心不一样了……他可以通过商业模式的创新等方式坚持他的初心,政府也应该适时帮助他们。(a5) | D2 坚持经济、社会、环境目标的动态平衡 | |
| ……这些生产企业如果愿意去改造生产,就一定会有发展,那我们跟他们建立的合作关系也会长远一些。如果它不愿意去投入,这些企业发展不了,或者发展不长,那合作空间也不是很大(a3)……而我们在销售过程中也发现很多顾客现在会关注可持续发展问题,那他们对我们来说就很重要了。(a67) | D3 公司选择具有相同价值观的合作伙伴 | |
| …… | …… | |

表 3-7 　　　　　　　　　　合并同类项后的条目示例

| 编号 | 母条目 | 总频次 | 子条目 | 频次 | 子条目 | 频次 | 子条目 |
|---|---|---|---|---|---|---|---|
| 1 | 提供产生经济、社会和环境效益的优质的产品与服务 | 61 | 生产和销售绿色环保节能的产品 | 19 | 提供高质量的产品与服务 | 11 | …… |

续表

| 编号 | 母条目 | 总频次 | 子条目 | 频次 | 子条目 | 频次 | 子条目 |
|---|---|---|---|---|---|---|---|
| 2 | 向所有利益相关者宣传让行业、社会和世界更规范更美好的可持续发展理念 | 48 | 向客户传达并帮助客户坚持可持续发展的理念 | 6 | 宣传可持续发展理念 | 6 | …… |
| 3 | 支持产品、技术和生产流程等的研发与创新，以解决可持续发展问题 | 30 | （通过调整生产线等方式）减少生产过程对环境的污染 | 13 | 生产流程与设备创新升级 | 6 | …… |
| 4 | 通过多种途径提高社区居民甚至整个社会的生活质量 | 10 | 改善社区生活质量 | 6 | 通过合理投资可持续发展项目提高社会生活质量 | 4 | …… |
| 5 | 关注弱势群体问题 | 9 | 参加扶贫行动 | 6 | 创造就业机会 | 3 | |
| …… | …… | …… | …… | …… | …… | …… | |

注："频次"代表子条目中表述完全相同的条目出现的总次数；"总频次"为该行所有子条目加总的频次。

由于开放性编码所得到的范畴彼此之间还是独立的，不同范畴之间的关系还没有深入探讨，因此需要开展主轴编码来建立范畴之间的关系（Strauss & Corbin，1997）。基于此，编码员随后进行主轴编码，比较开放性编码所提取的初始概念，发现相互之间的有机关联，进而获得与可持续创业行为相关的核心范畴：传递理念，保护环境，关注社会，目标交融。

最后，运用选择性编码将某些核心范畴与其他范畴建立联系，验证它们之间的关系，并将概念化尚未形成的范畴补充完整（Strauss & Corbin，1997），明确各范畴的概念和内涵，参照原始资料和开放性编码，进一步归纳总结各范畴即维度的测量题项，形成初始量表。

预测试采用线上问卷和实地收集的方式进行，向创业者发放问卷280

份，回收 245 份，回收率 87.5%。预测试的结果显示了较为清晰的 4 维度结构，但些许题项的因子载荷小于 0.4，且有多维度交叉的现象。之后对初始量表的题项描述进行修订，并删除关联度不高的题项，最后的问卷由 20 个题项组成。

## （三）探索性因子分析

探索性因子分析的样本对象是创业者，通过线上问卷发放的形式，发放 150 份，回收 115 份，回收率 76.67%。样本的数量均满足至少是量表题项数目 5 倍的统计要求。① 使用 SPSS24.0 软件得到全部样本数据的 KMO 值为 0.741，Bartlett 球形检验近似卡方值为 271.299，显著性为 0.000（$p < 0.005$），这表示该样本数据适合进行下一步的因子分析。探索性因子分析结果如表 3-8 所示，量表中每个题项的因子载荷均在 0.516 与 0.811 之间，可以解释总体变异的 56.833%，大于 50%，属于可接受范围（吴明隆，2018②；张文彤等，2013③）。

表 3-8 　　　　　　　　探索性因子分析结果（$n = 115$）

| 维度 | 序号 | 题　　项 | 成　分 | | | |
|---|---|---|---|---|---|---|
| | | | 1 | 2 | 3 | 4 |
| 传递理念 | 1 | 企业文化倡导并宣传可持续发展理念 | 0.751 | | | |
| | 2 | 公司向员工强调可持续发展的重要性 | 0.715 | | | |
| | 3 | 公司致力于改善居民生活质量 | 0.623 | | | |

① Gorsuch, R. L.. Factor Analysis. Hillsdale. NJ: Lawrence Erlbaum Associates, 1983.

② 吴明隆. 问卷统计分析实务——SPSS 操作应用. 重庆大学出版社, 2018.

③ 张文彤，钟云飞. IBM SPSS 数据分析与挖掘实战案例精粹. 清华大学出版社, 2013.

续表

| 维度 | 序号 | 题项 | 成分 | | | |
|------|------|------|------|------|------|------|
| | | | 1 | 2 | 3 | 4 |
| 保护环境 | 4 | 公司生产和销售绿色环保节能的产品 | | 0.699 | | |
| | 5 | 公司持续研发和创新绿色环保节能的技术 | | 0.684 | | |
| | 6 | 公司采用节约环保型的生产方式 | | 0.681 | | |
| | 7 | 公司采用环保的原材料 | | 0.616 | | |
| 关注社会 | 8 | 公司关注弱势群体问题 | | | 0.811 | |
| | 9 | 公司积极参与慈善事业 | | | 0.777 | |
| | 10 | 公司生产过程透明化，提高社会信任度 | | | 0.516 | |
| 目标交融 | 11 | 公司致力于经济、社会和环境目标的平衡 | | | | 0.724 |
| | 12 | 公司能够通过生产/提供其产品/服务来创造社会价值 | | | | 0.715 |
| | 13 | 公司选择具有相同价值观的顾客/合作伙伴 | | | | 0.645 |
| 特征值 | | | 1.678 | 2.106 | 1.874 | 1.731 |
| 解释变异量百分比 | | | 12.907 | 16.197 | 14.412 | 13.317 |
| 累计解释变异量百分比 | | | 12.907 | 29.104 | 43.516 | 56.833 |

传递理念是指可持续创业者及其企业对内对外(如员工、顾客、供应商等)倡导可持续发展，体现在企业文化、企业价值观等的输出上，包括"企业文化倡导并宣传可持续发展理念""公司向员工强调可持续发展的重要性""公司致力于改善居民生活质量"三个题项。

保护环境是指可持续创业者及其企业生产提供绿色环保的产品、研发技术、原材料使用、生产方式改进等的行为，体现的是对环境生态的保护与修复，包括"公司生产和销售绿色环保节能的产品""公司持续研发和创新绿色环保节能的技术""公司采用节约环保型的生产方式""公司采用环保的原材料"四个题项。

关注社会是指可持续创业者及其企业对社会发展问题的关注，如贫困、信任问题等，主动参与社会问题的解决，包括"公司关注弱势群体"

"公司积极参与慈善事业""公司生产透明化，提高社会信任度"三个题项。

目标交融是指可持续创业者及其企业将自身经济目标的实现嵌入社会和环境目标，比如通过商业模式的创新、合作伙伴的选取、产品与服务的生产提供等，让经济、社会与环境实现动态平衡，而这也符合三重底线的要求。

传递理念、保护环境、关注社会、目标交融四维度延续了 TBL 的观念，但并未完全遵循经济、环境、社会三维度的划分方式。TBL 强调的是创业者及其企业所不能突破的底线，本研究的四维度除了体现 TBL 的要求，还体现企业的自主性，比如如何实现目标的交融，实现三者的动态的平衡，这也回应了 Munoz 和 Cohen（2017）的倡导。

# 第二编　可持续创业意向的形成机制

　　创业者在进行创业前先具有创业意向(Krueger，1994)，个人或社会因素都必须通过形成意向来影响创业行为(Bird，1988)。创业意向表达了个体是否想从事创业活动的想法，一般的创业者都是先有了创业意向进而采取创业行为再实施创业行动。很多的学者们认为，创业意向是创业行为的重要指向。国内外学术界对于个体创业意向的实证研究主要是基于两个理论展开的，即 Ajzen 的计划行为理论和 Shapero 的创业事件模型。Ajzen(1961)认为个体的一部分行为不是完全出于自愿而产生的，而是受到态度、主观规范和感知行为控制力这三个变量的影响。

　　本编首先从社会认知视角，探讨创业者认知因素对可持续创业意向的影响作用。本研究选取外部环境、价值观、主观规范和效能感这几个层面的变量，依据计划行为理论和三元交互理论提出可持续创业意向的模型，同时通过问卷调查，对感知到的社会支持、可持续导向、主观规范、创业效能感和可持续创业意向之间的关系进行实证研究，使用 SPSS、Amos 等统计分析工具对收集的数据进行一系列的统计分析，从而研究多个变量之间的相互作用。研究结果发现感知社会支持与可持续创业意向显著正相关；可持续导向对感知社会支持与可持续创业意向之间存在部分中介作用；主观规范的两个维度在感知社会支持与可持续创业意向间的中介作用是不同的，规范信念这个维度并不存在中介作用，而顺从动机维度存在部分中介作用；创业效能感的两个维度在感知社会支持与可持续创业意向间的都具有中介作用。最后根据实证分析的结果，有针对性地展开讨论，对于本书的理论贡献和实践意义进行总结，最后根据可持续创业领域的研究现状和本书的研究结论，提出未来研究可以拓展和完善之处。

# 第四章
# 可持续创业的影响因素

关于可持续创业的前因变量的研究同样包含两方面的因素。其一，企业家的因素：①先前经验和知识（Patzelt & Shepherd，2010），如果创业者拥有相关的经验和知识则更可能投入可持续创业之中。②企业家的自我效能，Shepherd 和 Patzelt（2011）认为，自我效能感或许在可持续创业行为中发挥核心作用，因为评估一个人利用可持续发展机会的知识和技能将不同于为了个人经济利益的那些简单机会的评估。可持续创业者的知识结构，对创业自我效能感的支持，可能比纯粹的商业创业者更复杂。因为前者可能不仅需要市场知识，还需要自然和社会环境的知识。③企业家动机，动机和意图在很大程度上解释了可持续性在新企业形成中的变化，这些动机构成了企业家决策的基础，Schlange（2006）提出，可持续创业者的主要驱动力是他们愿意或试图将他们改变世界的愿望与他们的赚钱欲望相结合和平衡。④道德认知，Shepherd 等（2013）发现拥有亲环境价值观的企业家积极寻求会产生与这些价值观不一致的结果的机会，从而更加积极地投身于可持续创业，Leiserowitz 等人（2006）认为，这些创业者运用了若干可持续价值观，如平等、团结、自由、宽容、尊重自然和分担责任，这些价值观指导他们的抱负、形成他们的态度，并为他们的行为提供可以观察和评估的标准。这与最近的一项实证研究相一致，该研究揭示了价值取向是形式化可持续行为背后的关键驱动力之一（Stubbs，2017）。⑤创业者身份认同的差异，维持三重底线之间的平衡源于特定的身份（Fauchart & Gruber，2011）。

其二，制度环境的因素：规章制度和社会规范。社会决定的制度，如消费模式、一致性规范和家庭相互依赖性，不仅影响创业者个人层面的决策，追求可持续的责任机会，而且还调节政府激励对可持续公司基金会的影响（Meek et al.，2010）。Chan（2010）通过研究中国政府在中国企业运行过程中发挥的作用，得出中国政府象征着中国企业的运行的外部环境、指引着企业的生产活动的结论。York 等（2010）、Pacheo 等（2010）的研究发现，政府通过一定的奖励或者惩罚措施形成相应的奖罚框架来制约可持续创业行为，进而可以制约可持续创业的发展。Wei-Loon Koea 等（2011）研究表明社会规范通过影响创业者的价值观和社会认知从而进一步指引创业者所采取的行为，社会规范为创业者制定创业方案和执行创业方案起着重要的引领作用。Muñoz 和 Dimov（2014）通过研究得出：较早一批的可持续创业企业的产生离不开社会规则的推动，有的可持续创业企业处于一个社会规则宽松和宽容的环境下，进而发展的蒸蒸日上，而有的可持续创业企业则处于社会规则不支持可持续创业的环境下从而慢慢走向衰落。可持续创业行为是一种由新生创业者或现有公司实施的经济、环境和社会价值创造过程，它识别和开发有关环境或社会问题的机会，通过产品、服务、生产流程、战略、事业领域以及商业模式等方面的激进式创新开辟新事业，促进可持续发展变革。根据 Shane 和 Venkataraman（2000）对创业行为的定义，可持续创业行为就是对可持续创业机会的发现、评估和开发，这些行为又由一系列具体行动构成，可持续创业者在实施这些行动时，需要不断地在社会目标（如：改善边缘群体的生活、促进就业、保证文化传承等）、环境目标（如：节约自然资源、保护濒危物种、发展循环经济等）和经济目标（如：实现商业创新、获取竞争优势等）之间权衡，通过商业模式创造最大化的社会、环境和经济总效益。简而言之，可持续创业就是以创建可持续新事业为目标而实施的一系列行为，本质就是为权衡三重底线所付出的努力，这就是本研究关注的结果变量。正如求职相关的研究中，学者们并不是以找到的工作来记录求职行为，而是用求职过程中采取的行为来记录（Van Hooft et al.，2004）。因此本研究关注的结果变量反映了个体为创建可持续新事业实施了多少目标导向的行为，而不是最终是否成功创建了可持续新事业。本研究采用的是 Muñoz 和 Dimov（2015）开发的可持续创业行为量表（5点式量表，α=0.840）。

关于可持续创业的影响因素研究较少，并且大多数只是进行理论探讨，实证研究相对较少（如图4-1）。

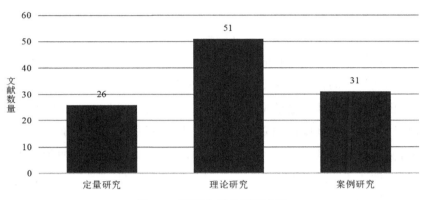

图 4-1　研究文献的研究方法

由于可持续创业具有的新颖性和独特性，进行可持续创业的创业者所需要做的可能是一些开疆拓土的工作，没有行业内的成功经验可供参考，没有现成的案例可供学习，创业者需要自己探索行为的路径和规律，这些都意味着可持续创业活动具有极高的风险性和不确定性。因此，创业者们需要详尽地了解关于可持续创业机会识别和开发的主观因素以及客观因素，以促进创业成功的可能性。可持续创业对于创业者来说会面临极大的挑战，在这种高风险的情况下，个体选择从事可持续创业活动主要基于以下两个原因：

## 一、规章制度和社会规范

人的行为具有利益追逐的倾向。工业革命以前，对于环境问题并没有引起人们的过多关注，对这个问题的重视是随着各种生态困境的出现而逐渐引起政府等执政管理部门的重视。政府使用各种监督、控制手段对于企业等组织施加压力，同时颁布相关的法律法规进行明令禁止。同时也采取相应的奖励、补贴措施对环境保护的行为予以鼓励。Bamerjee（2002）认为尽管某些企业出于领导者自身的价值观、道德观等作出对生态保护问题作出承诺，但是政府监管仍然是一个必不可少的手段。制度环境是企业的一个重要宏观环境，制度的支持力度决定了企业实施可持续性行为的程度和持久性，从国家层面来讲，越多的制度和法律对可持续创业行为进行奖励，那么就会出现越多的可持续创业企业。2010 年，Chan 对中国的企业进行调查研究，结果发现政府在其中扮演着重要的角色，会直接影响企业的外源环境导向。同时，政府对于企业环境策略和内源环境导向之间的关系有着正向调节的作用。制度与可持续创业是一种相辅相成的关系，支持可持续创业的制度环境会催生更多的企业开始可持续性实践，而企业的可持续性行为又会使制度得到完善和发展，以此对更多的企业确立可持续性发展目标有极大的推动作用。York 等(2010)的研究发现，有四种客观因素与可持续创业机会的开发有关：第一种是宏观的制度环境，政府对企业的可持续创业行为给予一定的奖励和惩罚措施，从而形成有效的约束机制；第二种是利益相关者压力，倡导可持续发展的利益相关会对企业的可持续性决策产生重要的影响；第三种是社会道德，社会公众也是企业行为的重要监督者，企业实施有利于环境和社会的行为能够树立良好的企业形象；第四种是竞争优势，进行可持续性实践对于行业内的竞争对手来说是一种差异化的竞争行为，能够在某些方面取得竞争优势，从而驱动企业使命目标的转变。

　　社会规范形成于特定的社会文化环境中，是对法律和制度的有效补充。实践研究结果表明，社会规范会影响公众对于环境保护和承担社会责任的态度。良好的社会规范会引导个人行为朝着有利于个人、社会和生态环境的方向发展。2011 年，Wei-Loon Koea 等学者的研究发现社会规范会引导企业家行为，其中的作用机制是社会规范首先会塑造企业家的价值观和认知系统，作为一种群体层面的价值体系，社会规范能够推动创业者决策的制定和执行。Muñoz 和 Dimov(2014)提出社会规则对于促进可持续创业起着很大的作用，早期阶段的可持续创业企业的出现或者是在一个支持的社会环境中，即存在相关的法律，或者是对抗不利于可持续创业的社会环境，即相关法律的缺失。

## 二、创业者个体因素

人的行为在很大程度上是由价值观和认知综合作用的结果，可持续创业者实施保护环境和有利于社会的行为，必然是基于以往对于这些方面的认知，在已形成的环境、社会价值观的基础上做出的可持续性创业行为。除了认知和价值观因素，个体方面的因素还包括以往的个体经历，过往经历会对个人的职业选择产生十分显著的影响，形成的关系网络也会是创业者在决策时考虑的重要因素。在早期的创业研究中，创业者特质是学者们的关注的重点，很多研究主题中都涉及创业者特质这个变量，除此之外情境因素也逐渐加入创业意向或者创业行为的研究模型中。

2010 年，Kuckertz 等学者开展了一项实验研究，实验对象选取的分别是工科和商科专业的大学生，实验结果发现个人可持续导向越高的大学生表现出越强烈的创业意愿。可持续导向高的个体会对环境问题和社会问题表现出超出常人的兴趣，他们的对可持续发展的关注度比普通人更高，因此会更希望通过自行创业的方式来解决经济、社会和环境的可持续发展中遇到的阻力和障碍。

Andreas Kuckertz 和 Marcus Wagner(2010)再次进行了类似的实证研究，结果发现随着个人商业从事经历的增多，可持续导向与创业意向的关系会越来越弱，即商业经验在可持续导向和创业意向之间有着负向的调节作用。研究者对此的解释是，商业经验丰富的个体比商业经验缺乏的个体感知到更多的风险性，这种对风险的警觉性会抑制个体对可持续创业机会的识别和开发，从而降低可持续创业意愿和创业行为发生的概率。

创业家个人对环境的感知也起到很重要的作用(Pablo Muñoz & Dimo Dimov，2015)。创业者对于环境保护和生态系统所掌握的知识越多，就越有可能发现有环境、社会相关的市场缺陷。掌握知识的领域会决定个体的关注点不同，包含先前的市场知识、商业运作的方法和途径。因此，创业知识也是个体层面一个很重要的驱动因素。Patzel 等(2011)以个人感知为视角，是否能够识别和开发与可持续发展有关的创业机会，与个人所掌握的生态环境和社会问题的知识有关，若个人对于环境保护和社会问题了解得越深刻，越容易产生保护或者改善的觉悟和意识，从而越有可能识别、利用可持续创业机会。

　　创业家的价值观是驱动他们进行可持续创业的又一重要因素（Wei-Loon Koe et al.，2015）。Pablo Muñoz 和 Dimo Dimov（2015）运用模糊集定性比较分析法对可持续创业过程进行研究，提出了可持续创业的四个阶段：想法、行动、交换关系，并且提出这些过程背后的因素结构（见图 4-2）。

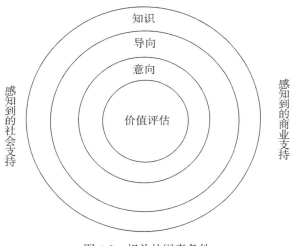

图 4-2　相关的因素条件

　　这些因素分为个体因素和环境因素，个体因素按照与创业行为的接近程度依次为：价值评估、意向、导向和知识背景，这四个因素构成了一个同心圆。和创业行为最接近的是创业者的直接目标，即想要创造的价值；然后是创业意向，代表采取创业行为的一般倾向，但是还没有明确如何去做；其次是可持续的导向，代表创业者对环境保护和社会责任的态度和信念；最后一个因素是创业者先前的关于生态和社会环境的知识和经验。创业活动是一项社会活动，存在于社会这个大环境中，除了这些个体因素，外界环境因素包括社会支持和商业支持也会对可持续创业产生非常重要的影响，其中社会环境包括社会规范和制度、文化等。而市场环境会影响企业进入市场、获得投资、雇员招募、降低成本等活动。Ewald Kibler（2015）

在此基础上的研究发现可持续创业具有地域附着性，包括情感附着（对所在地区的关心和关注）和工具附着（利用所在地区的资源）。

　　基于上述分析，结合本研究的研究主题并且借鉴计划行为理论模型，我们采用出现频度较高的三个创业者特质，即可持续导向、主观规范、创业效能感来进行可持续创业意向的影响因素研究。

# 第五章
# 计划行为理论框架下的可持续创业意向

## 一、理论基础

### (一)计划行为理论

计划行为理论(Theory of Plannede Behavior，TBP)是本研究进行可持续创业意向研究最重要的理论基础。根据 Fishbein(1963)提出的多属性态度理论，个体的行为态度会作用于个体的行为意向，对于行为结果的预期以及评价又会作用于行为态度。这个理论主要探讨的是个体态度的形成机制，在理论模型中，态度和主观规范会作用于行为意向。随后，Ajzen(1991)又在此基础上新增了一个前因变量，即感知行为控制(Perceived Behavior Control，PBC)，新的计划行为理论开始得到普及。弗瑞斯等(Frese et al.，1994)认为，在一项行为活动过程中，"计划"是从认知到行为的一个中间过程，有一定的层次结构，计划行为理论在认知和行为之间起了桥梁作用。在 Ajzen(1991)的研究之后，现在得到普遍认可的计划行为理论模型如图 5-1 所示。

态度反映的是对于某种行为、事件所持有的正面或者负面的评价，决定态度的主要因素是对于事件和行为的预期。

主观规范的含义是个体进行某种行为时，与本人关系十分密切且特别重视的人对本事件的感知程度，这种感知程度由多种因素决定，其中最主要的是自己对他人建议的信赖程度和自己是否采取他人建议的动机程度决定的。

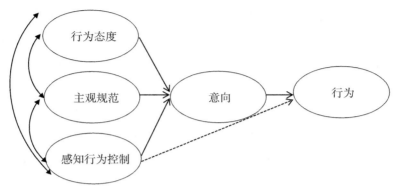

图 5-1　计划行为理论模型

感知行为控制指的是自己对于有意向从事的行为能够成功完成的感知程度。

Kruger（2000）通过研究结果证明，主观规范与创业意愿的关系并不十分显著，但是态度与感知行为控制力会对创业意愿产生比较显著的作用；国内学者李永强等在中国背景下，以中国大学生群体为研究对象，研究结果表明计划行为理论的三个前因变量对于创业意愿都有十分显著的作用。TPB 模型共解释创业意愿 46.9% 的变异。Gelderen 等（2008）的研究结果表明，在某些群体中，感知行为控制力显著作用于创业意愿。1995 年，Davidsson 以瑞典的某些群体为研究对象，结果显示在作用于创业意愿的诸多变量中，独立意识这个因素的效果并不显著，然而 Douglas 等（2002）的研究却出现了不同的结果，他在研究态度对创业意愿的影响效果时发现，独立意识会对创业意愿产生正向的显著效果，同 Davidsson 的以往研究呈现出差别。

（二）三元交互决定论

社会认知理论（Social Cognition Theory）由班杜拉（Bandura）提出，三元交互理论是其中的一个重要观点，同时本研究也将该理论作为模型构建的一个重要基础。

根据三元交互理论(见图 5-2)，个体的认知、环境与个人行为存在相互作用关系。个体因素包括的主要内容是个人的认知，环境因素通过个人认知转化为个体对于环境的感知，环境会对个人的行为产生影响，而个人行为又作用于个人认知。三者之间的关系并不是一成不变的，随着时间阶段的改变，交互关系的强度和模式也会发生相应的变化。三元交互理论是许多领域研究的基础。根据三元交互理论，国内学者李静薇(2013)对创业教育如何影响大学生创业意向进行了实证分析。该理论的三个关键构念——个体因素、环境因素和个体行为，在创业领域的研究中有着重要的应用，比如创业行为的影响因素、具体的影响机理等，提供了理论指导和科学支撑。

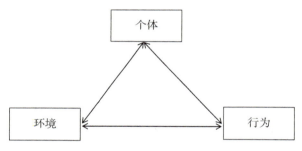

图 5-2　Bandura(1986)三元交互决定论模型

## 二、研究假设与模型构建

对于可持续创业影响因素的分析，大多数学者仍是进行的理论研究，而实证研究相当匮乏，并且根据 Pablo Muñoz 和 Dimo Dimov(2015)的观点，可持续创业路径的形成是各种因素复杂的相互作用的结果，可持续创业意向和行为的产生很大程度上缘于多种因素的综合作用，而不是某一个单一变量的影响。

在以往关于创业领域的研究中，研究者们往往在使用 TPB 理论时过于牵强，只是对于理论的生硬的移植，并没有针对性地做出一定的创新，根据创业研究领域的特征提出相应的可替代的变量。这种研究方式带来的后果是，由于变量不能清晰地定义而无法有针对性地解释研究结果，这样对于学者之间的相互借鉴和交流产生非常不利的影响。对于本研究中的变量的选取，首先充分浏览以往学者的研究，发现在创业领域中的研究变量在TPB 理论中对应，并能找出合适和理论予以解释，从而使 TPB 理论在创业领域的研究中具有更强的适用性。本研究依据计划行为理论，综合以往学者相关研究的结论，选取可持续导向、主观规范和创业效能感分别代表计划行为理论在创业领域对应的三个层面的变量，探究各个变量及各种组合对可持续创业意向的影响。基于三元交互决定论（Bandura，1986），外界环境因素对于个人的自我能力感知（如创业效能感）有着重要影响，而环境的产生的影响是通过个人的感知来发挥作用，因此本研究选取感知到的社会支持为自变量。本研究可持续创业意向研究模型如图 5-3 所示。

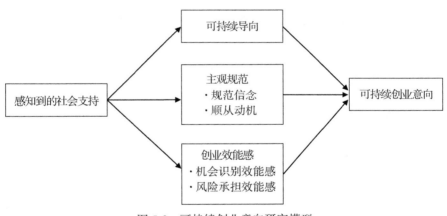

图 5-3  可持续创业意向研究模型

## （一）感知到的社会支持对可持续创业意向的影响

考虑到意向是实际行为的最重要的前因变量之一（Ajzen & Fishbein，1977；Souitaris et al.，2007），近年来，研究大学生的创业意向的影响因素逐渐获得了学者们的广泛关注（Krueger et al.，2000；Lüthje & Franke，2003，Souitaris et al.，2007），由于发生在不同情境下的创业现象和个人及环境都有十分重要的联系（Robinson et al.，1991），基于计划行为理论的基础，学者们开始将情境因素融入创业意向的模型中（Krueger et al.，2000；Lüthje & Franke，2003）。

在追求可持续创业机会的过程中，社会环境和文化为可持续价值创造和捕获提供了支持（O'Neill et al.，2009）。可持续创业的产生需要有利于培育和扶植出于社会和环境责任的经济活动的社会规范（Meek et al.，2010）。这些研究已经证明分权的、社会建构的制度，比如消费结构、一致性规范等不仅影响创业者追求环境机会的个体水平的决策，也会调节政府激励对于可持续企业的创立。O'Neill 等（2009）强调了文化环境与超越利润的创业价值的产生和市场深入的相关性。与此相似，Pacheco 等（2010）指出只有适当的条件才可能导致社会、环境和经济财富的产生。如果适当的条件没有形成，毫无价值的、破坏性的创业形式将会生根（Harbi & Anderson，2010）。外在环境支持性包含了环境的支持性因素，宏观方面主要是指倡导可持续创业的政策环境，消费者群体方面主要指的是对可持续产品和服务的支付意愿，舆论支持方面主要是新闻、媒体的宣传和引导（龙成志，2014）。Pablo Muñoz 和 Dimo Dimov（2015）指出创业活动是一项社会活动，存在于社会这个大环境中，除了这些个体因素的影响，还包括外界环境因素，其中社会环境包括社会规范和制度、文化等。

应用到创业领域，感知到的社会支持是指创业者感知到的社会环境（如社会规范、文化、社区等）对于出于社会和环境责任的经济活动的支持程度。2004 年，Franke 和 Luthje 对大学生的创业意愿进行研究，发现外界环境变量与大学生创业意向之间有直接的作用关系。我国学者田晓红和张钰（2016）通过对大学生的实证研究发现大学生创业意向同社会支持有显著的正向相关关系。根据以上的研究分析，本研究提出如下假设：

**H1**：感知到的社会支持与可持续创业意向正相关

**（二）可持续导向对感知到的社会支持和可持续创业意向的中介作用**

关于可持续导向是一个比较新的研究，Kuckertz 和 Wagner（2010）将可持续导向定义为个体对于经济、社会和环境实现可持续发展的态度和信念。他们的研究发现由于可持续创业机会的感知依赖于先前的知识（Shane，2000），所以可持续导向的个人感知到可持续创业机会的倾向会更高，因此可持续创业机会并不会被每个人感知到或者说与环境和社会有关的市场缺陷并不会被个人认为是创业机会（Zahra et al.，2009）。Bruyere 和 Rappe（2007）通过实证研究表明，具有更深的环境关注的个人将会有更强烈的欲望通过采取志愿行为而与他们的价值观获得一致性。

　　Walley 和 Taylor（2002）也提出了相似的研究结论，他们认为可持续创业者会以一个结合了三个原则的导向为特征，这三个原则分别是经济导向、环境导向和社会道德导向。Kuckertz 和 Wagner（2010）认为可持续创业要与个人可持续导向联系起来。按传统经济学的观点，解决市场缺陷和环境问题需要强化政府干涉，然而越来越多的非政府组织（NGO）的出现通过给政策制定者施压，开始代替这个传统（Oppenheimer，2006），并且许多可持续导向的个人越来越多地加入这些组织当中。Parrish（2010）也指出平衡社会、经济和环境这三个维度需要一个明确的导向来指导企业创立过程，他认为与环境和社会有关的价值观和动机驱使了可持续创业的产生，引导可持续创业的价值观和动机，以自我、他人和自然的平等为基础，改变组织结构方式和关系，应对创业过程中的困难和风险，彰显可持续企业家坚定的意志和价值观（Shepherd et al.，2009）。Marcus Wagner（2012）通过在个体层面进行大样本的实证分析发现，对于社会的环境的关注程度越高，识别出可持续创业机会的可能性越大。Wei-Loon Koe 等（2014）通过对 214 家中小企业的所有者调查发现，这些所有者普遍对可持续性拥有一个积极的态度，他们认为可持续性创业是吸引人的而且他们自己也有足够的能力建立一个可持续性企业，研究结果表明可持续性价值观与可持续创业意向正相关。

　　三元交互理论认为，认知、行为和环境三个要素是交互作用、交叉影响的关系。因此我们有理由相信，感知社会支持会对个人可持续导向产生影响。综合以上的理论分析，本研究提出如下假设：

　　**H2**：个人可持续导向对感知到的社会支持与可持续创业意向之间起中介作用

（三）主观规范对感知到的社会支持和可持续创业意向的中介作用

主观规范的含义是假若个体要做出某种行为，对由此所面临的外界压力的感知，这些压力来自于许多方面，但主要是跟自己比较亲近的群体，比如朋友、父母、老师等，这些利益群体会对个人的行为有一定的期望，因此为了与这种期望取得一致性，个体往往会面临着压力和约束（Ajzen，1991）。主观规范出自于计划行为理论。其中，主观规范这个要素又可以分为两个维度：一个维度是规范信念，另一个维度是顺从动机。规范信念的含义是个体对于若即将从事某个行为，重要的利息相关者对此的预期的主观感知，顺从动机的含义是按照重要的利息相关者的期待从事某些行为的意愿程度（李颖和王宇露，2010）。

个体生活在社会环境中，在从事某些行为时必然会与相关的他人发生互动关系，因而会面临外界的各种压力，这种压力的大小以及造成的影响与个人对于外界环境的约束、期望和标准有很大的关系，压力的产生会驱使个体形成一定的满足期望的认知。现实中一个普遍的案例是：在家庭中，父母如果在创业活动中有不太成功的经验或者坎坷的经历，那么对于孩子的期望是不应该进行创业，所以孩子可能会因为父母的负面经验或者对于创业的消极否定而不考虑进行创业行为。周围朋友的创业成功也会形成榜样的力量，对朋友的认可会趋势个体追求创业行为。综上所述，若个体产生正向的主观规范，那么形成创业意向的可能性会比较大，反之会比较小。因此，当给社会和环境同时带来利益的可持续创业受到社会的普遍关注和赞同，个人可能周围环境环境中的重要他人或团体的影响而产生可持续创业意向。

人们在对是否采取某种行为进行决策时，会同时受到个人主观意愿和所处环境的共同影响，这种环境包括文化环境和社会价值观（史烽和潘延杰，2010）。特定的心理活动因素会影响主观规范的形成，例如个人所接触到的经验总结、顺从动机等，同时主观规范还会受到社会认知的作用，即人们在决定执行某个行为时所感受到的来自外界的压力的认知。对外界期望的感知，很容易由于压力的产生而出现满足外界期望的动机倾向，从而会形成对个体的行为准则。因由此我们提出感知社会支持会在一定水平上影响个体的主观规范。综上所述，本研究提出如下假设：

**H3**：主观规范对感知到的社会支持与可持续创业意向之间起中介作用

**H3a**：规范信念对感知到的社会支持与可持续创业意向之间起中介作用

**H3b**：顺从动机对感知到的社会支持与可持续创业意向之间起中介作用

（四）创业效能感对感知到的社会支持和可持续创业意向的中介作用

自我效能感这个概念在 20 世纪 80 年代开始应用于创业研究领域，学者们也开始普遍使用创业效能感（entrepreneurial self-efficacy）这个变量，并且在创业者特质的研究中得到了广泛的关注（Forbes，2005）。创业效能感对于创业行为有着十分重要的预测作用，在创业活动过程中的决策和实施都会深受其影响（Krueger，1993）。李明华（2010）认为在众多创业相关的前置因素中，创业效能感对于实施创业行为的驱动最为强烈。1998 年，Chen 等首次采用实证分析方法，以年龄、性别、教育水平等作为控制变量，对创业效能感与创业之间的作用机制展开研究，结果发现创业效能感高的个体成为创业者的可能性更大，从而使创业效能感的研究取得了进一步的成果。即高的创业效能感会产生高的创业意愿，那么个体从事创业行为的可能性就会更高（Chen，Greene & Crick，1998）。由上文对可持续创业的文献综述我们可以发现，学者们普遍认为可持续创业是一个因为尚处在发展萌芽期而充满挑战和不确定性的创业行为，所以我们可以假设具有高的创业效能感的人会对成功创业的自信心越高，越不可能出现创业愿望减弱的情况，因此他们对于可持续创业的意向会比低的创业效能感的人更强烈。

Scherer 等（1998）研究发现良好的社会资源和社会网络会提高个人的创业效能感。社会支持是社会一种重要的社会资源，由此我们可以认为，感知社会支持会影响个人的创业效能感，进而对可持续创业意向产生作用。

综合以上的理论分析，本研究提出如下假设：

**H4**：创业效能感对感知到的社会支持与可持续创业意向之间起中介作用

**H4a**：机会识别效能感对感知到的社会支持与可持续创业意向之间起中介作用

**H4b**：风险容忍效能感对感知到的社会支持与可持续创业意向之间起中介作用

## 三、研究设计

### （一）问卷设计与研究变量测量

本研究选取的实证研究方法为问卷调查法，首先根据所要调查的问题设计严谨的问卷，然后针对调查对象发放问卷，最后搜集数据进行统计分析和假设检验。问卷调查法作为实证研究领域的一种常用方法，有着简便、快捷、易于操作等诸多优点。本研究的量表主要分为以下三个部分：第一部分主要用来调查被试者的基本信息，包括性别、年龄等，这些问题主要作为控制变量使用；第二个部分主要对模型中的几个前因变量进行测量，即感知社会支持、可持续导向、主观规范和创业效能感；第三部分测量的是结果变量，即被试者的可持续创业意向。以下为本研究的变量汇总：

（1）可持续导向。Kuckertz 和 Wagner（2010）将可持续导向定义为对环境保护和社会责任的态度。对于可持续导向的衡量，Kuckertz 和 Wagner（2010）最早开发了 6 个项目的李克特量表，Marcus Wagner（2012）在此基础上改编出了针对学生群体进行测量的量表。由于本研究的研究对象为在校学生，因此借鉴 Marcus Wagner 的量表进行可持续导向的测量，采用五点计分法进行打分。

（2）主观规范。根据文献综述的内容，主观规范分为规范信念和顺从动机两个维度。本研究将以 Tkachev A. 和 Kolvereid L.（1999）及 Krueger（2000）研究的主观规范测量量表为借鉴，用 4 个题项进行测量，并采用五点计分法进行打分。

（3）创业效能感。本研究参考的是 Jill（2005）提出的创业效能感的四个维度：机会识别效能感、关系效能感、管理效能感和风险容忍效能感。根据研究主题的特征，以 Jill（2005）所开发的量表为基础，选取创业效能感的两个核心维度（即机会识别效能感和风险承担效能感）进行测量，各题均用 Likert5 级量表进行计分。

（4）感知到的社会支持。创业者感知到的社会环境（如社会规范、文化、社区等）对于出于社会和环境责任的经济活动的支持程度。采用的是 4 个条目的李克特量表，该量表的基础是 Meek 等（2010）和 O'Neill 等（2009）关于促进新企业的可持续性行为和发展的社区的社会规则和文化的研究。

（5）可持续创业意向。可持续创业意向衡量个体进行可持续创业的可能性和意愿强烈程度。本研究采用 Pablo Muñoz 和 Dimo Dimov（2015）开发的 8 个条目的量表，采用五点计分法进行打分。

（6）控制变量。被调查者的性别、年龄、受教育程度、学科背景、是否有过创业经历以及父母是否有过创业经历。

## （二）问卷试测

在编制问卷初稿后，在小部分群体内进行初步测试，以此发现问卷设计存在的不足之处，并及时进行修改和优化，最终提高问卷的严谨性、合理性，减少测量工具带来的误差。问卷试测主要是以网络电子版的形式进行发放。使用 SPSS 22.0 进行简单的数据处理后，发现问卷存在以下几点问题：

（1）对问卷的信度测量结果显示可持续导向、主观规范、创业效能感、感知社会支持以及可持续创业意向各个部分的信度系数都在 0.7 以上，因此问卷的一致性程度在合理的范围内。

（2）在搜集到的建议当中，有一部分被试者表示问卷内容过长，问题过多，被试者在填写过程中出现烦躁心理，影响到了调查数据的真实性；另外部分被试者反映某些题项出现了语义不通或者有歧义的情况，这使他们在进行选择时并不能如实表达个人意见；还有部分被试者表示某些词语或句子由于专业性较强，并不能很好地理解。本研究在综合所有被试者的意见后，对问卷进行修正，精练语句，替换晦涩的描述，保证问卷质量，从而力争获得真实的数据。

## (三)数据收集

### 1. 调查对象和样本回收

2010 年，Kuckertz 和 Wagner 调查了一所高校在校大学生的可持续创业意向，同时选取同校同专业但有一定的工作经历的被试者进行可持续创业意向的调查，结果发现随着工作年限的增加，被调查者的可持续创业意向在逐渐降低。此后许多学者都将可持续创业的实证研究对象转为在校学生（Marcus Wagner，2015）。Shinnar（1989）等认为，对于创业意愿的研究，大学生是十分重要的调查对象，应为大学生还没有任何职业经历，在进行职业或者创业的选择时不会受到过多因素的干扰，在创业态度和创业意愿会表现出明显的差异。可持续创业是创业类型的一种，本研究选取高校学生作为研究对象，调查范围限定在武汉市的中南财经政法大学、华中科技大学、武汉理工大学、武汉大学 4 所高校，以在校学生为调查对象。

问卷采用抽样调查的方式进行，网络发放问卷为主要途径，问卷发放的总量为 280 份，其中问卷回收 261 份，回收率为 93.21%。剔除填写不完整问卷、空白问卷和填写不规范的问卷后，得到有效问卷的数量为 256 份，问卷的回收率达到 98.08%。表 5-1 为样本回收情况汇总。

表 5-1 样本回收情况汇总

| 回收样本数 | 有效样本数 | 无效样本数 | 有效样本比例 |
| --- | --- | --- | --- |
| 261 | 256 | 5 | 98.08% |

### 2. 样本特征分布

这一部分主要是对样本做简单的统计分析，观察每个性别、各个年龄段、不同专业类别等被试者所占的比例，在保证随机抽样的基础上，使样本的分布情况更为合理。

表 5-2 　　　　　　　　　　　　**样本特征分布( $N=256$ )**

| 序号 | 样本特征 | 特征值 | 频次 | 比例 |
|---|---|---|---|---|
| 1 | 性别 | 男 | 135 | 52.70% |
| | | 女 | 121 | 47.30% |
| 2 | 年龄 | 20 岁以下 | 45 | 17.60% |
| | | 21~25 岁 | 170 | 66.40% |
| | | 26~29 岁 | 36 | 14.10% |
| | | 30 岁及以上 | 5 | 2.00% |
| 3 | 文化程度 | 本科 | 180 | 70.30% |
| | | 研究生及以上 | 76 | 29.70% |
| 4 | 专业类别 | 理工类 | 99 | 38.70% |
| | | 经管类 | 108 | 42.20% |
| | | 文史类 | 38 | 14.80% |
| | | 其他 | 11 | 4.30% |
| 5 | 是否有过创业经历 | 是 | 47 | 18.40% |
| | | 否 | 209 | 81.60% |
| 6 | 父母是否有过创业经历 | 是 | 84 | 32.80% |
| | | 否 | 172 | 67.20% |

## 四、数据分析与结论

### (一)量表的信度和效度分析

在进行数据分析之前,首先要开展的工作是对量表的信度和效度情况进行检验。本研究的统计分析工作是在软件 SPSS 22.0 和 Amos 21 上进行的,第一步要进行的是验证量表的信度和效度,在此基础上进行验证性因子分析。

　　问卷的信度是量表十分重要的特征，它指的是量表内部一致性程度，用来检验问卷收集到的数据的可靠性。它的主要思想是对于同一个目标使用相同的方法进行测量。根据 Cronbach（1951）的观点，Cronbach α 系数是测量量表信度十分可靠并且应用广泛的一个指标，特别是管理学和心理学相关的调查中。α 系数的取值有一定的标准，大于 0.9 表明具有很高的量表信度，如果小于 0.65 那么量表使用的意义不是很大，可以考虑更换量表。量表的效度检验主要是用来衡量量表的正确性。效度可分为内容效度和结构效度。本研究所有变量的测量量表均为成熟量表，在以往的文献和研究中得到了很高的认可，在信度和效度方面具有较高的水平。在选取量表后进行针对性的翻译和修改，从而得到容易理解、准确恰当的量表。对于变量构念效度的检验，本研究使用的是因子分析方法，直交旋转最大变异数（Varimax），对于大于 1 的因素特征值的元素予以保留。首先分析量表的 KMO 值，判断该值是否合理后进行 Bartlett 球形检验。详细的判断标准如表 5-3 所示。

表 5-3　　　　　　　**KMO 样本检测判断标准**（宋志刚等，**2008**）

| KMO 值 | 是否适合做因子分析 |
|---|---|
| KMO>0.9 | 非常适合 |
| 0.8<KMO<0.9 | 很适合 |
| 0.7<KMO<0.8 | 适合 |
| 0.6<KMO<0.7 | 不太适合 |
| 0.5<KMO<0.6 | 很勉强 |
| KMO<0.5 | 不适合 |

　　对感知到的社会支持的 4 个题项进行信度检验，得到量表整体的 α 系数为 0.841，说明该量表信度较好，且总体解释了 68.491% 的变异。随后，测量感知到的社会支持量表的 KMO 值并进行 Bartlett 球体检验，结果显示

KMO 测量值为 0.775，在 0.7 与 0.8 之间，结果表明得到的感知到的社会支持观测值适合做因子分析；进行 Bartlett 球体检验的结果表明能够对调查到的数据做因子分析。接着对感知到的社会支持量表进行探索性因子分析，所得结果如表 5-4、表 5-5 所示。

表 5-4　　　　　　　　　　**KMO 和 Bartlett 的检验**

| Kaiser-Meyer-Olkin 测量取样适当性 | | 0.775 |
| --- | --- | --- |
| Bartlett 的球形检验 | 大约卡方 | 430.848 |
| | df | 6 |
| | Sig | 0.000 |

表 5-5　　　　　　　　　**感知到的社会支持量表的因子荷重矩阵**

| | 项 目 内 容 | 因子荷重 | |
| --- | --- | --- | --- |
| | | F1 | α 系数 |
| F1 | 鼓励可持续性行为； | 0.840 | 0.841 |
| | 强调个人对于解决社区问题的贡献的责任； | 0.815 | |
| | 倡导环境保护的责任； | 0.886 | |
| | 鼓励年轻人独立自主，并且创立自己的企业 | 0.749 | |
| | 解释变异 68.491% | | |

对可持续导向的 6 个题项进行信度检验，得到可持续导向整体量表的 α 系数为 0.749，结果说明量表信度较好，总体解释了 44.524% 的变异。随后，测量可持续导向量表的 KMO 值并进行 Bartlett 球体检验，结果显示 KMO 测量值为 0.763，处于 0.7 与 0.8 之间，结果表明得到的可持续导向观测值适合做因子分析；进行 Bartlett 球体检验的结果表明能够对调查到的数据做因子分析。接着本研究开始对可持续导向量表进行探索性因子分析，因子分析结果如表 5-6、表 5-7 所示。

表 5-6            **KMO 和 Bartlett 的检验**

| Kaiser-Meyer-Olkin 测量取样适当性 | | 0.763 |
|---|---|---|
| Bartlett 的球形检验 | 大约卡方 | 206.511 |
| | df | 15 |
| | Sig | 0.000 |

表 5-7            **可持续导向量表的因子荷重矩阵**

| | 项 目 内 容 | 因子荷重 | |
|---|---|---|---|
| | | F1 | α 系数 |
| F1 | 中国企业在环境保护领域应该发挥国际主导作用； | 0.632 | 0.749 |
| | 环境导向的企业在招聘和保留优秀员工方面具有优势； | 0.687 | |
| | 金融机构未来会越来越多地考虑企业的环境绩效； | 0.735 | |
| | 企业社会责任应成为每个公司基础的一部分； | 0.714 | |
| | 我认为环境问题是我们社会面临的最大挑战之一； | 0.643 | |
| | 我认为创业者和企业需要承担更大的社会责任 | 0.580 | |
| | 解释变异 44.524% | | |

    对主观规范的 4 个题项进行信度检验，得到主观规范整体量表的 α 系数为 0.754，说明量表信度较好。量表的 KMO 测量值为 0.532，处于 0.5 与 0.6 之间，结果表明得到的可持续导向观测值适合做因子分析；进行 Bartlett 球体检验的结果表明能够对调查到的数据做因子分析（见表 5-8）。接着本研究开始对主观规范量表进行探索性因子分析，分析结果如表 5-9 所示。探索性因子分析旋转得到 2 个因子，因子载荷都在 0.8 以上（见表 5-9）。Q1、Q2 经过聚合得到"规范信念"这个维度，Q3、Q4 聚合经过聚合得到"顺从动机"这个维度。

表 5-8　　　　　　　　　　　**KMO 和 Bartlett 的检验**

| Kaiser-Meyer-Olkin 测量取样适当性 | | 0.532 |
|---|---|---|
| Bartlett 的球形检验 | 大约卡方 | 145.358 |
| | df | 6 |
| | Sig | 0.000 |

表 5-9　　　　　　　　　　　**主观规范量表的因子荷重矩阵**

| 项 目 内 容 | | 因子荷重 | | |
|---|---|---|---|---|
| | | F1 | F2 | α 系数 |
| F1 | 如果我决定创业，我的家人会；<br>如果我决定创业，我的好朋友们会 | 0.896<br>0.891 | | 0.813 |
| F2 | 您重视家人的看法吗；<br>您重视好朋友的看法吗 | | 0.893<br>0.843 | 0.802 |

解释变异 79.312%

对创业效能感的 9 个题项进行信度检验，得到可创业效能感整体量表的 α 系数高达 0.910，说明量表具有很高的信度。KMO 测量值为 0.899，接近 0.9，结果表明得到的可持续导向观测值非常适合做因子分析；接着做 Bartlett 球体检验，结果表明能够对调查到的数据做因子分析（见表 5-10）。接着本研究继续对创业效能感量表进行探索性因子分析，得到的结果如表 5-11 所示。探索性因子分析通过旋转得到 2 个因子，因子载荷都在 0.6 以上，并且 F1 的信度为 0.858，F2 的信度为 0.894。我们将 Q1、Q2 聚合的因子一命名为"机会识别效能感"，将 Q3、Q4 聚合的因子二命名为"风险承担效能感"。

表 5-10 **KMO 和 Bartlett 的检验**

| Kaiser-Meyer-Olkin 测量取样适当性 | | 0.899 |
|---|---|---|
| Bartlett 的球形检验 | 大约卡方 | 879.390 |
| | df | 36 |
| | Sig | 0.000 |

表 5-11 **创业效能感量表的因子荷重矩阵**

| 项目内容 | | 因子荷重 | | |
|---|---|---|---|---|
| | | F1 | F2 | α 系数 |
| F1 | 我相信能够为创业找到产品、服务所需要的市场信息； | 0.816 | | 0.858 |
| | 我相信能够创造出满足顾客未满足需要的产品； | 0.760 | | |
| | 我相信我能够识别出新颖的商业机会以及产品和服务； | 0.845 | | |
| | 我相信能够发现现有产品的新思路 | 0.695 | | |
| F2 | 我相信我能够在压力下工作更有效率； | | 0.727 | 0.894 |
| | 当事情遭遇挫折时，我相信我能够一直坚持； | | 0.766 | |
| | 我相信我能够对商务环境中的突发状况反应及时； | | 0.824 | |
| | 我相信我能够在不确定条件下进行有效决策； | | 0.813 | |
| | 我相信我能够一直在忧虑、压力和冲突的情况下保证工作效率 | | 0.805 | |
| 解释变异 70.465% | | | | |

对可持续创业意向的 8 个题项进行信度检验，得到可持续创业意向整体量表的 α 系数高达 0.924，说明量表信度很高。KMO 值测量结果为 0.923，接近于 0.9，表明该数据非常适合做因子分析；通过 Bartlett 球形度检验显著性为 0.000，结果说明可以进一步对该数据做因子分析（见表 5-12）。接着继续对可持续创业意向量表进行探索性因子分析，结果如表 5-13所示。

表 5-12 **KMO 和 Bartlett 的检验**

| Kaiser-Meyer-Olkin 测量取样适当性 | | 0.923 |
|---|---|---|
| Bartlett 的球形检验 | 大约卡方 | 848.754 |
| | df | 28 |
| | Sig | 0.000 |

表 5-13 **可持续创业意向量表的因子荷重矩阵**

| 项目内容 | | 因子荷重 | |
|---|---|---|---|
| | | F1 | $\alpha$ 系数 |
| F1 | 对于当前的可持续性挑战和问题，我能够发现解决办法； | 0.789 | |
| | 我经常会有有利于创建更美好的世界的商业想法； | 0.817 | |
| | 我喜欢执行我的想法，并且做出重要的事情； | 0.756 | |
| | 我经常寻求超越经济贡献的商业想法； | 0.847 | |
| | 我经常寻求有生态和环境贡献的商业想法； | 0.840 | 0.924 |
| | 我经常寻求有社会贡献的商业想法； | 0.794 | |
| | 我尽一切可能为环境创造价值； | 0.802 | |
| | 我尽一切可能为他人创造价值 | 0.816 | |
| 解释变异 65.308% | | | |

　　本研究使用 Amos 21 软件对调查数据进行处理，然后再进行验证性因子分析，以此来对本研究的模型做进一步的检验。结构方程模型的核心是模型是否具有很好的拟合性，拟合性关系到诸多因素，比如各个变量之间的联系等，有众多指标能够对模型的拟合性进行测量，本研究主要挑选以下使用频率最高的几个指标进行说明：(1)卡方和自由度的比值，即$\chi^2/df$，小于 3 说明拟合度较好；(2)标准拟合指数(Normed Fit Index，NFI)，不小于 0.9 说明拟合较好，即 NFI≥0.90 为可接受的范围；(3)Tucker-Lewis 指数(TLI)，不小于 0.9 说明拟合较好，即 TLI≥0.90 为可接受的范围；(4)比较拟合指数(Comparative Fit Index，CFI)，大于 0.9 说明拟合较好，即 CFI>0.90 为可接受的范围；(5)估计误差均方根(RMSEA)，这个指标一般在 0.05 到 0.08 的范围内，若小于 0.05 则表明拟合较好，若小于 0.1 则表明拟合非常好；(6)增值适配度指数 IFI，大于 0.9 说明拟合较好，即 IFI>0.90 为可接受的范围。

在进行探索性因子分析之后,接下来进行验证性因子分析。首先分析的是创业效能感这个变量,对构成这个变量的两个维度进行评估。验证性因子分析结果如表 5-14 所示。

表 5-14 创业效能感的验证性因子分析结果

| 指标 | $\chi^2/\mathrm{df}$ | RMSEA | IFI | TLI | CFI |
| --- | --- | --- | --- | --- | --- |
| 值 | 1.949 | 0.075 | 0.972 | 0.960 | 0.971 |

通过分析,取得标准化结果,我们能发现创业效能感的模型拟合结果如下,$\chi^2/\mathrm{df}$(相对卡方)为 1.949,该值小于 3,符合评判标准,近似误差均方根(RMSEA)得到的值是 0.075,接近 0.08,此外 IFI(增值拟合指数)、TLI(Bentler-Bonett 非规范拟合指数)和 CFI(比较拟合指数)所得值都在 0.9 以上,结果表明模型拟合度很高。验证性因子分析图如图 5-4 所示。

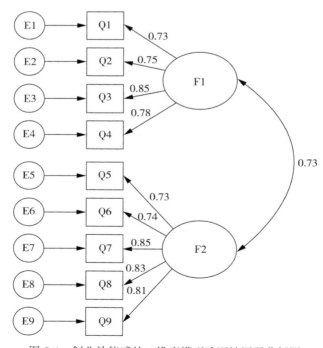

图 5-4 创业效能感的二维度模型验证性因子分析图

其次分析的是主观规范这个变量，对构成这个变量的两个维度进行评估。得到的验证性因子分析结果如表 5-15 所示。

表 5-15　　　　　　　　　　　主观规范的验证性因子分析结果

| 指标 | $\chi^2/\mathrm{df}$ | RMSEA | IFI | TLI | CFI |
|------|------|------|------|------|------|
| 值 | 0.157 | 0.075 | 1.006 | 1.036 | 1.000 |

通过分析，取得标准化结果，我们可以发现主观规范的模型拟合结果如下，$\chi^2/\mathrm{df}$ 为 0.157，RMSEA 所得结果为 0.075，近似于 0.08，此外 IFI、TLI 所得值均大于 1，CFI 所得值为 1，这些结果说明该模型取得了十分好的拟合效果。验证性因子分析图如图 5-5 所示。

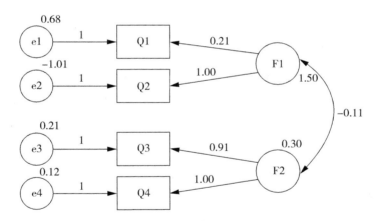

图 5-5　主观规范的二维度模型验证性因子分析图

(二)统计分析与假设检验

1. 描述性统计分析

由表 5-16 的描述性统计汇总表可以看出，问卷采用 5 点的李克特量表，除可持续导向，其他变量各维度均值都大于 2，而且标准差都接近于 0.5。

表 5-16　　　　　　　各变量描述性统计汇总表( $N=256$ )

| 类型 | 名称 | 样本量 | 均值 | 方差 | 标准差 |
|---|---|---|---|---|---|
| 自变量 | 感知社会支持 | 256 | 2.1620 | 0.320 | 0.56602 |
| 中介变量 | 可持续导向 | 256 | 1.7093 | 0.224 | 0.47352 |
| | 主观规范 | 256 | 2.8839 | 0.174 | 0.41662 |
| | 规范信念 | 256 | 3.4940 | 0.470 | 0.68558 |
| | 顺从动机 | 256 | 2.2738 | 0.356 | 0.59642 |
| | 创业效能感 | 256 | 2.4299 | 0.311 | 0.55729 |
| | 机会识别效能感 | 256 | 2.3646 | 0.350 | 0.59177 |
| | 风险承担效能感 | 256 | 2.4821 | 0.393 | 0.62688 |
| 因变量 | 可持续创业意向 | 256 | 2.4323 | 0.402 | 0.63441 |

2. 人口统计变量的方差分析

对控制变量进行作用机制分析一般有两种方式：一种是通过独立样本 T 检验的方式，验证所得 $t$ 值的显著性情况；第二种方式是单因素方差分析，验证所得 $F$ 值的显著性情况。如果分析结果显示组间或组内存在显著性差异，则在进行回归分析时不能忽略控制变量的影响。本研究的样本总量为 256 个，所以在分析控制变量对其他主要变量的影响作用时，采用单因素方差分析方法，最终的 k-s 检验表明服从正态分布。

本研究接着对控制变量为性别、年龄、文化程度、学科背景、创业经历及家庭创业经历做方差分析，具体的分析结果如表 5-17 所示。

表 5-17　　　个体特征差异与变量各维度方差分析结果( $N=256$ )

| 维度 | 性别 | | 年龄 | | 文化程度 | | 学科背景 | |
|---|---|---|---|---|---|---|---|---|
| | $F$ | Sig | $F$ | Sig | $F$ | Sig | $F$ | Sig |
| 感知社会支持 | 0.820 | 0.367 | 0.519 | 0.722 | 6.523 [*] | 0.012 | 0.507 | 0.730 |

| 维度 | 性别 | | 年龄 | | 文化程度 | | 学科背景 | |
| --- | --- | --- | --- | --- | --- | --- | --- | --- |
| | $F$ | Sig | $F$ | Sig | $F$ | Sig | $F$ | Sig |
| 可持续导向 | 0.041 | 0.841 | 1.099 | 0.359 | 5.585* | 0.019 | 0.732 | 0.571 |
| 规范信念 | 2.149 | 0.145 | 1.555 | 0.189 | 5.129* | 0.025 | 0.368 | 0.831 |
| 顺从动机 | 1.390 | 0.240 | 1.150 | 0.335 | 1.426 | 0.234 | 1.532 | 0.195 |
| 机会识别效能感 | 3.555 | 0.061 | 1.090 | 0.363 | 6.344* | 0.013 | 3.055* | 0.018 |
| 风险承担效能感 | 11.038** | 0.001 | 0.923 | 0.452 | 3.252 | 0.073 | 1.732 | 0.145 |
| 可持续创业意向 | 11.545** | 0.001 | 2.054 | 0.089 | 5.628* | 0.019 | 1.468 | 0.214 |

| 维度 | 是否有过创业经历 | | 父母是否有过创业经历 | |
| --- | --- | --- | --- | --- |
| | $F$ | Sig | $F$ | Sig |
| 感知社会支持 | 0.007 | 0.933 | 0.006 | 0.936 |
| 可持续导向 | 0.324 | 0.570 | 0.022 | 0.882 |
| 规范信念 | 4.128* | 0.044 | 6.871** | 0.010 |
| 顺从动机 | 0.404 | 0.526 | 0.719 | 0.398 |
| 机会识别效能感 | 4.061* | 0.045 | 0.695 | 0.406 |
| 风险承担效能感 | 5.327* | 0.022 | 0.818 | 0.367 |
| 可持续创业意向 | 10.373** | 0.002 | 0.503 | 0.479 |

注：*表示 $p<0.05$，**表示 $p<0.01$。

从表5-17可以得出结论，不同性别的被试在可持续导向、主观规范的两个维度以及感知到的社会支持方面并没有出现显著的差异，在创业效能感的机会识别效能感维度并没有显著差异，但在风险承担效能感维度有非常显著的差异，并且，不同性别的可持续创业意向也有显著差异。因此本研究中风险承担效能感和可持续创业意向会受到性别差异的影响。

从表5-17可以看出，不同年龄的被试在对于各个变量均无显著差异，因此本研究中自变量、中介变量、因变量并没有受到年龄差异的影响。

从表5-18可以看出，不同文化程度的被试在可持续导向、规范信念、机会识别效能感、感知社会支持以及可持续创业意向方面均有显著差异，因此这几个变量会受到文化程度的影响，而主观规范的顺从动机维度和创业效能能感的风险承担效能感维度则不会受到影响。

表 5-18　学科背景对机会识别效能感单维度的方差齐次性检验（$N=256$）

| 因变量 | | | 均值差 | 显著性 | 95%置信区间 | |
|---|---|---|---|---|---|---|
| | | | | | 下限 | 上限 |
| 机会识别效能感 | 经管类 | 理工类 | 0.06682 | 0.515 | −0.1352 | 0.2688 |
| | | 文史类 | 0.10573 | 0.436 | −0.1614 | 0.3729 |
| | | 医药类 | 0.80682 | 0.053 | −0.0089 | 1.6226 |
| | | 其他 | 0.78182** | 0.004 | 0.2574 | 1.3063 |
| | 理工类 | 经管类 | −0.06682 | 0.515 | −0.2688 | 0.1352 |
| | | 文史类 | 0.03891 | 0.790 | −0.2485 | 0.3263 |
| | | 医药类 | 0.74000 | 0.078 | −0.0826 | 1.5626 |
| | | 其他 | 0.71500** | 0.009 | 0.1799 | 1.2501 |
| | 文史类 | 经管类 | −0.10573 | 0.436 | −0.3729 | 0.1614 |
| | | 理工类 | −0.03891 | 0.790 | −0.3263 | 0.2485 |
| | | 医药类 | 0.70109 | 0.102 | −0.1399 | 1.5421 |
| | | 其他 | 0.67609* | 0.019 | 0.1132 | 1.2390 |
| | 医药类 | 经管类 | −0.80682 | 0.053 | −1.6226 | 0.0089 |
| | | 理工类 | −0.74000 | 0.078 | −1.5626 | 0.0826 |
| | | 文史类 | −0.70109 | 0.102 | −1.5421 | 0.1399 |
| | | 其他 | −0.02500 | 0.959 | −0.9794 | 0.9294 |
| | 其他 | 经管类 | −0.78182** | 0.004 | −1.3063 | −0.2574 |
| | | 理工类 | −0.71500** | 0.009 | −1.2501 | −0.1799 |
| | | 文史类 | −0.67609* | 0.019 | −1.2390 | −0.1132 |
| | | 医药类 | 0.02500 | 0.959 | −0.9294 | 0.9794 |

注：* 表示在 0.05 水平（双侧）上显著相关；** 表示在 0.001 水平（双侧）上显著相关。

从表5-18可以看出，只有机会识别效能感在不同学科背景的被试方面有显著差异，因此会受到学科背景的影响的变量只有机会识别效能感，而其他变量均不会受到影响。

通过对创业效能感中的机会识别效能感维度进行两两比对，本研究进一步探究学科背景差异机会识别效能感之间的差别。根据表5-18的结果，我们发现学科背景导致的机会识别效能感的差异主要是由于其他类专业（除经管、理工、文史、医药之外）的被试与经管类专业、理工类专业和文史类专业的被试之间存在显著差异造成的，经管类、理工类专业以及文史类专业机会识别效能感均值显著高于其他专业。

从表5-18可以看出有无创业经历显著影响规范信念、机会识别效能感、风险承担效能感和可持续创业意向，而可持续导向和主观规范的顺从动机维度以及两个调节变量并没有受到其影响。

从表5-18可以看出只有主观规范的规范信念维度会受到父母是否有创业经历的影响，而其他变量则均为显著差异，因此不会受到父母创业经历的影响。

（三）回归分析与假设检验

如果要检验多个自变量和因变量的线性关系，多元线性回归分析是一种常用方法。本研究采用多元回归分析方法进行模型中多个变量之间关系的检验。多元回归分析之前，首先进行的操作是检验研究模型是否存在多重共线性，即模型中的所有变量之间是否有近似的线性相关性，换言之，某个变量是否能与其他变量通过线性函数的形式进行表示。验证多重共线性的存在有两个衡量指标：容忍度和变异数膨胀因子（VIF）。容忍度通常介于0到1的范围内，越接近于1存在多重共线性的可能性越低，容忍度的值越接近于0说明越有可能有多重共线性；一般而言，VIF介于1到5的范围内，最好的情况是趋近于1，如果VIF>5，那么存在多重共线性的可能性非常大，并且VIF值越大越严重。

1. 感知社会支持与可持续创业意向的回归分析

本研究采用性别、文化程度和学科背景、创业经历和父母的创业经历作为控制变量，模型1是在进行回归分析时假如所有的控制变量，性别、文化程度和有无创业经历这三个控制变量对可持续创业意向的影响比较显著，而年龄、学科背景和父母的创业经历这三个控制变量对可持续创业意向的影响并不显著。

模型2中感知社会支持进入模型，由回归方程显著性检验的概率为0.000，并没有达到0.01的显著性水平，那么我们可以推论，当系数不同时为0时，所有自变量和因变量存在显著的线性相关性，可由线性方程的形式进行表示，同时根据容差和VIF的取值可以看出不具有多重共线性问题。模型2中$F$值为17.739，此结果在0.01水平上显著（$\beta = 0.556$，$p < 0.01$），调整后的$R^2$为0.412，这个结果解释了可持续创业决策41.2%的变异。感知社会支持显著的正向影响可持续创业意向，且在$p < 0.01$水平下高度显著。综上所述，主效应显著，假设H1得到支持。

表5-19 感知到的社会支持对可持续创业意向的回归分析表（$N = 256$）

| 模型 | 变量 | 非标准化系数 | | 标准系数 | $T$值 | 多重共线性 | | 调整后$R^2$ | $F$值 |
|---|---|---|---|---|---|---|---|---|---|
| | | $\beta$ | 标准误差 | Beta | | 容差 | VIF | | |
| M1 | 性别 | 0.300 | 0.095 | 0.235** | 3.144 | 0.950 | 1.053 | 0.112 | 4.508 |
| | 年龄 | -0.033 | 0.073 | -0.034 | -0.448 | 0.914 | 1.094 | | |
| | 文化程度 | 0.232 | 0.103 | 0.170* | 2.253 | 0.936 | 1.069 | | |
| | 学科背景 | -0.035 | 0.050 | -0.053 | -0.713 | 0.962 | 1.039 | | |
| | 创业经历 | 0.324 | 0.129 | 0.191* | 2.518 | 0.925 | 1.081 | | |
| | 父母的创业经历 | 0.052 | 0.100 | 0.039 | 0.521 | 0.956 | 1.046 | | |

| 模型 | 变量 | 非标准化系数 | | 标准系数 | T 值 | 多重共线性 | | 调整后 $R^2$ | F 值 |
| --- | --- | --- | --- | --- | --- | --- | --- | --- | --- |
| | | $\beta$ | 标准误差 | Beta | | 容差 | VIF | | |
| M2 | 性别 | 0.236 | 0.078 | 0.185** | 3.024 | 0.942 | 1.061 | 0.412 | 17.739 |
| | 年龄 | -0.059 | 0.059 | -0.062 | -0.992 | 0.912 | 1.096 | | |
| | 文化程度 | 0.090 | 0.085 | 0.066 | 1.054 | 0.904 | 1.106 | | |
| | 学科背景 | -0.010 | 0.040 | -0.015 | -0.246 | 0.958 | 1.044 | | |
| | 创业经历 | 0.337 | 0.105 | 0.199** | 3.222 | 0.925 | 1.081 | | |
| | 父母的创业经历 | 0.061 | 0.081 | 0.046 | 0.756 | 0.956 | 1.046 | | |
| | 感知社会支持 | 0.572 | 0.063 | 0.556** | 9.127 | 0.948 | 1.055 | | |

注：$\beta$ 系数均为标准化 $\beta$ 系数；＊表示 $p<0.05$，＊＊表示 $p<0.01$。

**2. 可持续导向的中介作用分析**

本研究将可持续导向作为中介变量进入方程中，来探究感知社会支持是否通过可持续导向来影响可持续创业意向。

首先做模型 1，即做可持续创业意向对自变量感知社会支持的回归分析，接着模型 2 做可持续导向对感知社会支持的回归，在 0.01 水平上显著（$\beta=0.485$，$p<0.01$）。在模型 3 中做可持续创业意向与可持续导向的回归，在 0.01 水平上显著（$\beta=0.397$，$p<0.01$）；对于模型 4，开始做可持续创业意向对自变量和中介变量的回归分析，感知社会支持的显著性水平下降但仍然在 0.01 水平上显著（$\beta=0.474$，$p<0.01$），可持续导向在 0.05 水平上显著（$\beta=0.170$，$p<0.05$），说明可持续导向对感知到的社会支持与可持续创业意向间存在部分中介作用，假设 H2 得到支持。

表 5-20　　　　　可持续导向的中介作用回归分析表（$N=256$）

| 模型 | | 模型 1 | 模型 2 | 模型 3 | 模型 4 |
|---|---|---|---|---|---|
| | | 可持续创业意向 | 可持续导向 | 可持续创业意向 | 可持续创业意向 |
| 控制变量 | 性别 | 0.185** (3.024) | −0.014 (−0.204) | 0.223** (3.279) | 0.187** (3.113) |
| | 年龄 | −0.062 (−0.992) | −0.068 (−0.964) | −0.016 (−0.237) | −0.050 (−0.816) |
| | 文化程度 | 0.066 (1.054) | 0.107 (1.500) | 0.091 (1.307) | 0.048 (0.769) |
| | 学科背景 | −0.015 (−0.246) | 0.026 (0.379) | −0.050 (−0.742) | −0.019 (−0.324) |
| | 创业经历 | 0.199** (3.222) | −0.071 (−1.012) | 0.222** (3.206) | 0.211** (3.463) |
| | 父母的创业经历 | 0.046 (0.756) | 0.026 (0.369) | 0.031 (0.458) | 0.041 (0.695) |
| 自变量 | 感知到的社会支持 | 0.556** (9.127) | 0.485** (6.960) | | 0.474** (6.923) |
| 中介变量 | 可持续导向 | | | 0.397** (5.854) | 0.170* (2.495) |
| $F$ 值 | | 17.739** | 8.174** | 9.557** | 16.807** |
| $R$ 方 | | 0.437 | 0.263 | 0.295 | 0.458 |
| 调整 $R$ 方 | | 0.412 | 0.231 | 0.264 | 0.431 |

注：$\beta$ 系数均为标准化 $\beta$ 系数；＊表示 $p<0.05$，＊＊表示 $p<0.01$。

3. 主观规范的中介作用分析

本研究将主观规范的规范信念和顺从动机维度分别作为中介变量进入方程中，来探究感知社会支持否通过主观规范来影响可持续创业意向。

首先做模型 1，即做可持续创业意向对自变量感知社会支持的回归分析，接着模型 2 做规范信念对感知社会支持的回归，结果并不显著($\beta =$ 0.142)。在模型 3 中做可持续创业意向与规范信念的回归，结果显示并不显著($\beta = 0.096$)；对于模型 4，开始做可持续创业意向对自变量和中介变量的回归分析，感知到的社会支持的显著性水平下降但仍然在 0.01 水平上显著($\beta = 0.554$，$p < 0.01$)，但规范信念不显著($\beta = 0.013$)，说明规范信念对感知到的社会支持与可持续创业意向间不存在中介作用。

表 5-21　　　　　规范信念的中介作用回归分析表($N = 256$)

| 模型 | | 模型 1 | 模型 2 | 模型 3 | 模型 4 |
|---|---|---|---|---|---|
| | | 可持续创业意向 | 规范信念 | 可持续创业意向 | 可持续创业意向 |
| 控制变量 | 性别 | 0.185** (3.024) | 0.118 (1.540) | 0.223** (2.956) | 0.183** (2.969) |
| | 年龄 | -0.062 (-0.992) | -0.076 (-0.975) | -0.042 (-0.551) | -0.063 (-1.001) |
| | 文化程度 | 0.066 (1.054) | -0.128 (-1.645) | 0.155* (2.035) | 0.064 (1.016) |
| | 学科背景 | -0.015 (-0.246) | -0.075 (-0.996) | -0.059 (-0.797) | -0.016 (-0.260) |
| | 创业经历 | 0.199** (3.222) | -0.102 (-1.321) | 0.181* (2.384) | 0.197** (3.175) |
| | 父母的创业经历 | 0.046 (0.756) | 0.167* (2.210) | 0.023 (0.305) | 0.044 (0.708) |
| 自变量 | 感知到的社会支持 | 0.556** (9.127) | 0.142 (1.866) | | 0.554** (8.973) |
| 中介变量 | 规范信念 | | | 0.096 (1.245) | 0.013 (0.197) |
| | $F$ 值 | 17.739** | 3.176** | 4.098** | 15.433** |
| | $R$ 方 | 0.437 | 0.122 | 0.152 | 0.437 |
| | 调整 $R$ 方 | 0.412 | 0.084 | 0.115 | 0.409 |

注：$\beta$ 系数均为标准化 $\beta$ 系数；* 表示 $p < 0.05$，** 表示 $p < 0.01$。

　　首先做模型 1，即做可持续创业意向对自变量感知到的社会支持的回归分析，接着模型 2 做顺从动机对感知到的社会支持的回归，在 0.01 水平上显著（$\beta = 0.402$，$p < 0.01$）。在模型 3 中做可持续创业意向与顺从动机的回归，在 0.01 水平上显著（$\beta = 0.266$，$p < 0.01$）；对于模型 4，开始做可持续创业意向对自变量和中介变量的回归分析，感知到的社会支持的显著性水平下降但仍然在 0.01 水平上显著（$\beta = 0.533$，$p < 0.01$），顺从动机在 0.05 水平上显著（$\beta = 0.156$，$p < 0.05$），说明顺从动机对感知到的社会支持与可持续创业意向间存在部分中介作用。

表 5-22　　　　　　　顺从动机的中介作用回归分析表（$N = 256$）

| 模型 | | 模型 1 | 模型 2 | 模型 3 | 模型 4 |
|---|---|---|---|---|---|
| | | 可持续创业意向 | 顺从动机 | 可持续创业意向 | 可持续创业意向 |
| 控制变量 | 性别 | 0.185**<br>（3.024） | −0.108<br>（−1.464） | 0.254**<br>（3.523） | 0.191**<br>（3.100） |
| | 年龄 | −0.062<br>（−0.992） | −0.011<br>（−0.148） | −0.037<br>（−0.498） | −0.061<br>（−0.981） |
| | 文化程度 | 0.066<br>（1.054） | 0.026<br>（0.344） | 0.143<br>（1.961） | 0.064<br>（1.029） |
| | 学科背景 | −0.015<br>（−0.246） | 0.110<br>（1.501） | −0.075<br>（−1.042） | −0.021<br>（−0.345） |
| | 创业经历 | 0.199**<br>（3.222） | −0.064<br>（−0.861） | 0.209**<br>（2.865） | 0.202**<br>（3.271） |
| | 父母的创业经历 | 0.046<br>（0.756） | 0.065<br>（0.887） | 0.023<br>（0.320） | 0.042<br>（0.693） |
| 自变量 | 感知到的社会支持 | 0.556**<br>（9.127） | 0.402**<br>（5.482） | | 0.533**<br>（8.026） |
| 中介变量 | 顺从动机 | | | 0.266**<br>（3.736） | 0.156*<br>（2.260） |
| $F$ 值 | | 17.739** | 5.115 | 6.170 | 15.589 |
| $R$ 方 | | 0.437 | 0.183 | 0.213 | 0.440 |
| 调整 $R$ 方 | | 0.412 | 0.147 | 0.178 | 0.411 |

　　注：$\beta$ 系数均为标准化 $\beta$ 系数；＊表示 $p < 0.05$，＊＊表示 $p < 0.01$。

### 4. 创业效能感的中介作用分析

接下来将创业效能感的机会识别效能感和风险承担效能感两个维度分别作为中介变量进入方程中,来探究感知到的社会支持否通过这两个维度来作用于可持续创业意向。

对于模型 1,做的是可持续创业意向对自变量感知到的社会支持的回归分析,接着模型 2 做机会识别效能感对感知到的社会支持的回归,在 0.01 水平上显著($\beta=0.465$,$p<0.01$)。在模型 3 中做可持续创业意向与机会识别效能感的回归,在 0.01 水平上显著($\beta=0.532$,$p<0.01$);对于模型 4,开始做可持续创业意向对自变量和中介变量的回归分析,感知到的社会支持的显著性水平下降但仍然在 0.01 水平上显著($\beta=0.403$,$p<0.01$),机会识别效能感在 0.01 水平上显著($\beta=0.330$,$p<0.01$),说明可持续导向对感知到的社会支持与可持续创业意向间存在部分中介作用。

表 5-23 　　　机会识别效能感的中介作用回归分析表($N=256$)

| | 模型 | 模型 1 | 模型 2 | 模型 3 | 模型 4 |
|---|---|---|---|---|---|
| | | 可持续创业意向 | 机会识别效能感 | 可持续创业意向 | 可持续创业意向 |
| 控制变量 | 性别 | 0.185** (3.024) | 0.088 (1.323) | 0.166** (2.598) | 0.156** (2.707) |
| | 年龄 | −0.062 (−0.992) | −0.040 (−0.594) | −0.025 (−0.386) | −0.048 (−0.830) |
| | 文化程度 | 0.066 (1.054) | 0.072 (1.063) | 0.085 (1.315) | 0.042 (0.714) |
| | 学科背景 | −0.015 (−0.246) | −0.188** (−2.842) | 0.064 (0.995) | 0.047 (0.812) |
| | 创业经历 | 0.199** (3.222) | 0.143* (2.118) | 0.118 (1.831) | 0.152** (2.592) |
| | 父母的创业经历 | 0.046 (0.756) | 0.071 (1.070) | 0.004 (0.067) | 0.022 (0.394) |
| 自变量 | 感知到的社会支持 | 0.556** (9.127) | 0.465** (6.985) | | 0.403** (6.183) |

| 模型 | | 模型 1 | 模型 2 | 模型 3 | 模型 4 |
|---|---|---|---|---|---|
| | | 可持续创业意向 | 机会识别效能感 | 可持续创业意向 | 可持续创业意向 |
| 中介变量 | 机会识别效能感 | | | 0.532**<br>(8.089) | 0.330**<br>(4.873) |
| | F 值 | 17.739** | 11.149 | 14.757 | 20.696 |
| | R 方 | 0.437 | 0.328 | 0.392 | 0.510 |
| | 调整 R 方 | 0.412 | 0.298 | 0.366 | 0.485 |

注：$\beta$ 系数均为标准化 $\beta$ 系数；* 表示 $p<0.05$，** 表示 $p<0.01$。

首先做模型 1，即做可持续创业意向对自变量感知到的社会支持的回归分析，接着模型 2 做风险承担效能感对感知到的社会支持的回归，在 0.01 水平上显著（$\beta=0.488$，$p<0.01$）。在模型 3 中做可持续创业意向与风险承担效能感的回归，在 0.01 水平上显著（$\beta=0.680$，$p<0.01$）；对于模型 4，开始做可持续创业意向对自变量和中介变量的回归分析，感知到的社会支持的显著性水平下降但仍然在 0.01 水平上显著（$\beta=0.303$，$p<0.01$），风险承担效能感在 0.01 水平上显著（$\beta=0.520$，$p<0.01$），说明可持续导向对感知到的社会支持与可持续创业意向间存在部分中介作用。

表 5-24　　　　风险承担效能感的中介作用回归分析表（$N=256$）

| 模型 | | 模型 1 | 模型 2 | 模型 3 | 模型 4 |
|---|---|---|---|---|---|
| | | 可持续创业意向 | 风险承担效能感 | 可持续创业意向 | 可持续创业意向 |
| 控制变量 | 性别 | 0.185**<br>(3.024) | 0.203**<br>(3.100) | 0.067<br>(1.190) | 0.079<br>(1.513) |
| | 年龄 | -0.062<br>(-0.992) | 0.039<br>(0.585) | -0.077<br>(-1.381) | -0.082<br>(-1.580) |
| | 文化程度 | 0.066<br>(1.054) | 0.016<br>(0.247) | 0.096<br>(1.743) | 0.057<br>(1.099) |

续表

| 模型 | | 模型 1 | 模型 2 | 模型 3 | 模型 4 |
|---|---|---|---|---|---|
| | | 可持续创业意向 | 风险承担效能感 | 可持续创业意向 | 可持续创业意向 |
| 控制变量 | 学科背景 | −0.015<br>(−0.246) | −0.106<br>(−1.627) | 0.042<br>(0.760) | 0.040<br>(0.786) |
| | 创业经历 | 0.199**<br>(3.222) | 0.155*<br>(2.349) | 0.090<br>(1.609) | 0.118*<br>(2.259) |
| | 父母的创业经历 | 0.046<br>(0.756) | 0.061<br>(0.942) | 0.001<br>(0.026) | 0.014<br>(0.277) |
| 自变量 | 感知到的社会支持 | 0.556**<br>(9.127) | 0.488**<br>(7.476) | | 0.303**<br>(5.129) |
| 中介变量 | 风险承担效能感 | | | 0.680**<br>(11.940) | 0.520**<br>(8.452) |
| $F$ 值 | | 17.739** | 12.491 | 27.627 | 31.285 |
| $R$ 方 | | 0.437 | 0.353 | 0.547 | 0.612 |
| 调整 $R$ 方 | | 0.412 | 0.325 | 0.527 | 0.592 |

注：$\beta$ 系数均为标准化 $\beta$ 系数；＊表示 $p<0.05$，＊＊表示 $p<0.01$。

## (四)研究结果讨论与总结

本研究中包含的变量主要有感知社会支持、可持续导向、主观规范、创业效能感和可持续创业意向。以下为各个变量的因子分析结果进行讨论。

(1)感知到的社会支持的单维度结构模型。

感知社会支持量表的基础是 Meek 等(2010)和 O'Neill 等(2009)关于促进新企业的可持续性行为和发展的社区的社会规则和文化的研究。Cronbacha 系数检验结果显示感知到的社会支持量表的信度较好，进行探索性因子分析后得到一个因子，因此感知到的社会支持量表信度和效度均通过检验，能够使用此量表进行测量。

(2)可持续导向的单维度结构模型。

Kuckertz 和 Wagner(2010)将可持续发展导向定义为对环境保护和社会责任的态度，并表明它有助于建立一个可持续导向的新企业。本研究Kuckertz 和 Wagner(2010)编制的6个项目的李克特量表。Cronbacha 系数检验结果显示可持续导向量表的信度较好，进行探索性因子分析后得到一个因子，因此可持续导向量表信度和效度均通过检验，能够使用此量表进行测量。

（3）主观规范的两维度结构模型。

本研究将以 A. Tkachev、L. Kolvereid(1999)和 Krueger (2000)研究的主观规范测量量表为借鉴，用4个题项进行测量，并采用五点计分法进行打分。Cronbacha 系数检验结果显示主观规范量表的信度不高，但处于能够接受的范围内，进行探索性因子分析后得到两个因子，因此主观规范量表信度和效度均通过检验，能够使用此量表进行测量。根据各个因子具体的测量题项，将这两个因子分别命名为规范信念以及顺从动机，与本研究的原构思基本一致。数据分析结果显示主观规范的量表具有信度和效度虽然并不十分理想，但在可接受的范围内，因此本研究采用主观规范的两维度结构模型进行主观规范的测量是可行的。

（4）创业效能感的两维度模型。

在对被调查者进行大量访谈后，Chen 等(1998)在此基础上编制了创业效能感量表，该量表包含36个题项，经过修改和整合，最后确定为22个题项。在实际调查时，选取管理学院的140多位在校生和281位创业者为调查对象，问卷的内容涉及创业过程的5个维度，分别是市场、创新、管理、风险承担以及财务控制。对量表进行检验的结果显示，内部一致性系数为0.92，因此创业效能感的5个维度构建效果较好。根据 Jill 等(2005)对创业效能感的维度划分，本研究参考以往学者的研究，选择使用频率最高的两个维度机会识别效能感和风险承担效能感进行模型构建。

本研究主要对量表进行信度和效度分析，Cronbacha 系数检验结果显示创业效能感量表的信度较好，进行探索性因子分析后得到两个因子，因此创业效能感量表信度和效度均通过检验，能够使用此量表进行测量。根据各个因子具体的测量题项，将这两个因子分别命名为机会识别效能感以及风险承担效能感，与本研究的原构思基本一致。因此本研究采用创业效能感的两维度结构模型进行创业效能感的测量是可行的。

（5）可持续创业意向的单维度结构模型。

本研究采用 Pablo Muñoz 和 Dimo Dimov（2015）开发的 8 个条目的量表进行可持续创业意向的测量。Cronbacha 系数检验结果显示可持续创业意向量表的信度较好，进行探索性因子分析后得到一个因子，因此可持续创业意向量表信度和效度均通过检验，能够使用此量表进行测量。

（1）本研究通过作自变量与因变量的回归分析，发现感知社会支持与可持续创业意向呈显著正相关，这与本研究原构思和假设基本一致。

（2）通过可持续导向的中介作用的回归分析，发现可持续导向对感知社会支持与可持续创业意向之间存在部分中介作用，这与本研究原构思和假设基本一致。这表明感知社会支持既直接影响可持续创业意向，也可通过可持续导向对可持续创业意向产生影响。

（3）通过主观规范的中介作用的回归分析，发现主观规范的两个维度在感知社会支持与可持续创业意向间的中介作用是不同的。规范信念这个维度并不存在中介作用，而顺从动机维度存在部分中介作用。这表明感知社会支持既直接影响可持续创业意向，也可通过顺从动机对可持续创业意向发生作用。至于规范信念的中介作用不显著的原因，可能的解释是创业与个人特质关系密切，来自家人和朋友的压力并不能直接导致创业意向的产生。并且青年人是一个非常具有自我观念的群体，他们的大多数决定多是听从于自己，而不是外界影响。

（4）通过创业效能感的中介作用的回归分析，发现创业效能感的两个维度在感知社会支持与可持续创业意向间的都具有中介作用，而风险承担效能感比机会识别效能感的中介作用更显著。这说明创业作为一种风险性较高的行为，具有更高的风险承担效能感的人进行创业的概率更高。

## 五、研究局限与展望

由于作者学术能力的欠缺以及时间限制等，本研究可能存在以下几个方面的不足：

（1）由于人力、物力等原因，本研究的样本量并没有达到较好的水平，这样可能会导致研究结果并不能代表在校学生群体的真实情况；没有能做到严格的分层取样，而是采取随机抽样的模式，虽便于针对现象进行广泛性了解，但对于研究的概化、推广有一定的局限性。

（2）受到研究方法的限制，在使用问卷调查搜集数据时，难以排出被试者的主观因素造成的影响，比如"社会期望效应"。

（3）由于可持续创业的实证研究是近几年刚刚兴起的，本研究所用的问卷均翻译自国外学者的文献，并没有在国内进行成熟的研究，尽管量表的信度和效度检验符合标准，但是在适用性上仍然可能存在一定的缺陷。希望后续的研究者能够在以后的研究中尽量避免此问题的发生。

未来研究的可以从以下几点进行切入：

（1）从创业阶段的视角出发研究可持续创业，本研究的重点是探究可持续创业意向如何产生，由哪些因素决定，但是创业活动是一个完整的过程，所以后续的研究可以分阶段进行探究。

（2）探究可持续创业意向的宏观影响因素，本研究是从个体出发进行的多变量研究，但是可持续创业是一个复杂的行为过程，从机会识别、评估和开发都会受到诸多因素的影响，特别是宏观政策因素和社会文化因素的影响等，因此未来可以从这几个方面进行探究。

（3）本研究是基于计划行为理论，因此所选取的个体层面的变量只有三个，但是创业者特质包含很多内容，创业者特质对于创业意向的影响是一个十分丰富的研究问题。因此除了这三个层面的变量，未来可以更多地探究其他个体特质如何作用于可持续创业意向。

# 第三编　可持续创业行为的发展机制

关于可持续创业行为的发展机制有两种主流观点。第一种是学者们基于制度经济学理论指出，与环境或社会问题相关的市场缺陷或市场失灵在加剧环境恶化和社会问题的同时，也创造了大量蕴藏创业租金的商机，能够吸引追求创业租金最大化的创业者投入到可持续创业的行动当中。但是有学者提出，依据显示偏好理论，虽然环境和社会问题有所改善，但是大量与环境和社会状况有关的市场缺陷依旧存在，说明相比于其他高回报的项目，可持续创业机会并不足以被寻求经济租金的创业者偏好（Kuckertz & Wagner，2010），那么可以看出基于制度经济学解释可持续创业行为的说服力偏弱由此，可持续创业行为的第二种观点是可持续创业的"使命驱动观"，即亲社会、利他动机驱使可持续创业者为了集体和社会谋利，使得可持续发展被创业者当作创业的信条，这一重要特质使得他们与传统创业者的存在差异。创业者是创业的灵魂，创业者的社会身份给我们提供一种视角去探讨创业者与可持续创业行为的关系。本编从创业者身份认同视角出发探讨创业者的社会身份对可持续创业行为的影响机制。

本部分基于社会认同理论和资源拼凑理论，探讨资源因素在创业者身份认知推动可持续创业行为的过程中发挥的中介机制，及环境不确定性的调节效应，揭示可持续创业的发展机理，并由此建立可持续创业行为的身份视角模型。通过对新创企业的问卷调查和各个变量之间的关系进行实证研究，使用SPSS21.0、AMOS21.0统计分析工具对收集的数据进行一系列的统计分析，从而研究多个变量之间的相互作用。研究结果发现：创业者的竞争身份和使命身份都会去使其选择可持续创业行为，但使命身份的可持续创业行为意向要强于竞争身份的；创业拼凑在创业者身份(使命身份和竞争身份)与可持续创业行为之间起显著中介作用；创业者感知到的不确定性削弱了竞争身份对创业拼凑的正向影响；感知到的不确定负向调节被创业拼凑中介的创业者的竞争身份、使命身份与其可持续创业行为之间间接的正向关系，感知到的不确定越高，创业者的竞争身份、使命身份通过创业拼凑的中介作用对可持续创业行为的正向影响越弱。

# 第六章
# 创业者身份、资源与环境的影响作用

## 一、创业者身份对创业行为的影响

创业者身份是创业者制定不同决定和不同行为的重要预测因子(Cardon et al.，2009；Conger et al.，2012)。Farmer 等(2011)得出结论：创业者身份的认同可以激起个体践诺创业行为，但是作者选取的样本并不是有创业行动的创业者，这种身份认同也只是个体感知到的未来可能实现的愿望。具有不同社会身份的创始人，对企业家的意义有着不同的理解；创始人的不同自我理解，也会强烈影响他们的行为方式和运行自己企业的方法(Fauchart & Gruber，2011)。Murnieks 等(2014)总结了认同理论的有关文献之后，研究了创业激情中介了创业认同和创业行为两者的关系，以及创业认同与创业激情、创业行为的关系。Contín 和 Larraza(2015)提出个体实施的创业活动被个体自我感知的创业者身份深深的影响，其中，社会文化距离正向调节创业者身份感知与创业活动。Powell 和 Baker(2014)研究了创始人身份及其会影响对特定事件战略反应的原因。他们认为企业家的行为，将受到他们的社会身份和他们与角色相关的自我观点(他们的角色身份)的影响，创始人的角色身份是他们社会身份的补充和表达(Siegera et al.，2017)。郑超(2017)通过实证研究表明创业者不同的身份通过不同方式的创业学习影响着创业行为。社会认同理论中，创业者身份是指个体在进行创业者这一身份相关的一系列的行为(Shepherd & Haynie，2009)，这些行为是创业者身份的彰显(Hoang & Gimeno，2010)。在社会认同理论的框架下，创业者的行为可以被创业者的身份认同所解释，也就是说创业者对身份的认同使得创业者了解到应当做出契合创业者身份的行为才能成为创业者（Grimes，2018）。研究可持续创业的学者们，更加倾向于认为可持续创业的动机来源于不同创业者对利润的追求。虽然关于创业者身份与创业行为的研究众多，但关于创业者身份与可持续创业行为的研究甚少。如果按照 Fauchart 和 Gruber（2011）对创业者身份的划分，创业者无非就是竞争身份、群体身份和使命身份三个维度的社会身份，创业者身份得到类型无外乎就是这三个维度的其中之一，或者是两者、三者的组合。李波（2012）总结了三种与此类似的基于不同创业动机而引发的不同创业活动，其中，第一种创业者是创业者为了追求经济利益去创办企业，这与 Fauchart 和 Gruber（2011）中的竞争身份维度的划分不谋而合；第二种创业者是利他动机，这种类型的创业者把帮助他人作为自己创办企业的动机，并且把公益事业与慈善事业当作自己的义务劳动；第三类创业者则混合了利己动机和利他动机。

Ho Chea Hooi 等（2015）通过对马来西亚中小企业的研究，探讨了具有可持续创业导向的创业者对可持续创业行为的影响，即创业者的使命身份与可持续创业行为的关系。通过实证研究发现，作者认为尽管在马来西亚的中小企业在某种程度上履行了一定社会责任（Ahmad & Ramayah，2012），但他们参与可持续发展导向的程度可能并不普遍。换句话说，只有具有高度社会责任感和利他动机的创业者，才可能会对可持续创业行为有着显著的正向影响。与此同时，学者们发现一种具有亲社会动机的创业者，即为集体和社会谋取福利的创业者，会孜孜不倦地追求可持续创业行为。这种亲社会动机就是创业者的使命身份的一个维度和映射（Kirkwood & Walton，2010；Li & Liang，2015）。York 等（2016）通过对 25 家可再生能源公司的研究，发现环境创业者会在商业和生态双重逻辑身份的驱使下去运行可再生能源公司。

## 二、创业者身份对资源拼凑的影响

资源拼凑是一种"行动制度"，它意味着一种特定的观察和收集资源的方式，并在很长一段时间内与它们形成亲密关系（Visscher et al., 2018），这种思维和行为方式是创业者自我认同的一个组成部分（Baker & Nelson, 2005；Stinchfield et al., 2013）；资源拼凑的实践有助于形成"资源拼凑者"这一身份（Duymedjian & Rüling, 2010）。对于为了实现混合目标的创业者而言，资源约束的环境对其的挑战进一步加剧（Desa & Basu, 2013），资源拼凑可以帮助这种类型的创业者实现收集资源的路径。Baker 和 Nelson（2005）认为拼凑是一种组织身份，但不关注拼凑对创业者身份的影响。Stinchfield 等（2013）将拼凑作为与创业挑战相关的众多行为中的一种，其中众多行为也包括"身份"，但他们对这种结合的处理很简洁。Duymedjian 和 Rüling（2010）也暗示了资源拼凑在其功能之外的作用，并认为拼凑通常被视为一种较低身份地位的工作形式，通常被隐藏，因此与强大的职业身份不相容，然而，他们的论文没有进一步探讨拼凑如何或为何与身份相关。Rao 等（2003）在制度变迁的环境中确定了精英身份产生过程中的拼凑类型的行为，但没有详细阐述拼凑这一行为。Visscher 等（2018）通过 136 次对咨询公司的深度访谈，表明具有个性化战略的企业（例如麦肯锡，通常倾向于追求提供量身定制的咨询解决方案的高价值项目，让顾问有时间开发新的解决方案并与客户建立关系）会坚定地追求"拼凑者"这一身份；此外，具有标准化战略的公司（例如 IBM，通常追求大批量，标准化的工作，其中工作实践基于严格控制的方法）会表现出对拼凑这一行为的渴望并且适度的使用资源拼凑。我们进而可以理解为，创业者的群体身份和创业者的使命身份通过个性化的公司战略会强烈表现出利用资源拼凑去克服资源匮乏的困境，而创业者的竞争身份使其为了追求规模经济通过标准化的战略去适度利用资源拼凑。效果逻辑与资源拼凑是一对概念有重合的名词，这两个概念都强调利用手边的资源去发现新机会，两者的异同在上一部分有详细描述。Alsos 等（2016）使用混合方法检验企业家的社会身份与随后的企业家行为之间的关系，发现创业者的竞争身份和创业者的使命身份与效果逻辑这一资源获取行为方式呈现正相关关系；与此类似的是Estrada 等（2018）通过 271 位已经创办过自己企业的西班牙学生的实证研究得出与此一致的研究结果。换句话说，使命身份的创业者倾向于利用与资源拼凑类似的效果逻辑这种方式去解决资源困境。

## 三、不同身份类型创业者的可持续创业行为

创业者的社会辨别方式和资源获得的行为能够被创业者的身份所预测和深深影响着（Leavitt et al.，2012），在创业过程中，不同身份的创业者虽然有着强烈的逐利动机去实施可持续创业行为，但是根据社会认同理论，不同身份的创业者在创业过程中为了达到强化自己身份的目的会对实施可持续创业行为的意愿有所差别。

创业开始于对创业机会的察觉，创业者意识到创业是有利可图的机会就会去采取相应的机会识别下的创业行为（Peredo & Chrisman，2006）。同时，创业最显著的特征之一就是它提供给个体自由去追求创业过程中带来的经济和非经济的价值回报（Fauchart & Gruber，2011）。可持续创业是当前在学术界和企业界最为火热和有利可图的创业形式之一，创业者的竞争身份和创业者的使命身份都会使得创业者为了达到获利的目的去寻找可持续创业市场中的创业机会从而去实施不同程度的可持续创业行为。

学者们基于制度经济学理论指出，与环境或社会问题相关的市场缺陷或市场失灵在加剧环境恶化和社会问题的同时，也创造了大量蕴藏创业租金的商机，能够吸引追求创业租金最大化的创业者投入到可持续创业的行动当中（Cohen & Winn，2007；Dean & McMullen，2007），创业者的竞争身份使得创业者专注于与其他公司的竞争，并受到自身经济利益的强驱使，根据社会认同理论，为了和这种强烈的获利意愿的身份保持一致，个体的身份成为了预测个体行为的有力线索（Tajfel & Turner，1986），创业者的竞争身份使得创业者会在社会互动中强化自己的身份，即强化追求可持续创业中的"经济底线"，创业者的竞争身份使其一旦发现可持续创业这一类型的创业活动中蕴藏着大量的商机，他们完全可以在并未涉足的另一个领域开创生意去达到获取经济利益的目的（Fauchart & Gruber，2011）。并且创业活动蕴藏着促进可持续发展的巨大潜力，创业能以新方式打破既有经济

社会活动的均衡状态，促成新的经济活动，有利于推动技术、经济和社会变革（Schumpeter，1934）。

创业者的使命身份使得创业者将他们的公司视为政治目标，可以推动一个特定的事业，造福于整个社会，他们有着强烈的社会责任感，并把整个社会作为自己行动的参考框架，可持续创业是一种亲社会行为（Shepherd & Patzelt，2011），这种亲社会动机就创业者的使命身份的一个维度和映射（Kirkwood & Walton，2010；Li & Liang，2015；Anna et al.，2018）。创业者的使命身份在本质上与纯粹追求经济利益最大化的传统的创业者的竞争身份不同。Ho Chea Hooi 等（2015）通过对马来西亚中小企业的研究，探讨了具有亲社会导向的创业者对可持续创业行为的影响，研究表明：创业者的使命身份特质使得创业者只有具有高度社会责任感和利他动机才可能会对可持续创业行为有着显著的正向影响。

根据社会认同理论，创业者的使命身份使得创业者为了维持自己在群体内身份差异的最小化，实施的行为要符合大众眼中对群体认知一致的身份，即提供的产品旨在将客户的消费模式转变为更加环保和/或对社会负责的模式，这恰好符合可持续创业是企业家为追求收益而开展的活动不得影响其经营所处的生态和社会环境的内涵（Parrish，2010），他们强有力的亲社会动机帮助克服资金困难和其他限制创办新公司的困难（Patzelt & Shepherd，2011）。这样的创业者可以最大限度地吸引和分配社会资源，因为他们的行动有助于他人的福祉，并将得到广泛的支持。换句话说，创业者的使命身份使得创业者通常把可持续创业行为作为一种信仰去实施，并在实施中强化自己的身份。

然而，不同的身份对实施可持续创业行为的意愿可能有所区别。根据上文提到的学者们基于制度经济学理论指出，与环境或社会问题相关的市场缺陷或市场失灵在加剧环境恶化和社会问题的同时，也创造了大量蕴藏创业租金的商机，能够吸引追求创业租金最大化的创业者投入到可持续创业的行动当中（Cohen & Winn，2007；Dean & McMullen，2007），但是有学者依据显示偏好理论，大量与环境和社会状况有关的市场缺陷依旧存在，说明相比于其他高回报的项目，可持续创业机会可能并不足以被寻求经济租金的创业者偏好（Kuckertz & Wagner，2010）。也就是说，在强烈的获利动机的驱动下，为了强化自己竞争身份的创业者会尽可能追求获利机会和回报更高创业机会，但是可持续创业机会并不一定拥有最高的获利回报。

　　创业者的使命身份使得创业者展现为社会造福的渴望，认为自己是社会的一分子，从而愈加可能从事更多对社会有益的创业活动，展现更多不仅仅是追逐经济利益的创业行为（熊琪等，2015），进而使个体愿意为事业奉献，个体会得到更多的工作意义感和使命感（Thompson & Bunderson，2003），恪守道德准则（Shamir，1990），形成努力造福他人的承诺（Grant，2007），愿意接受和利用负面的反馈（Meglino & Korsgaard，2004），比创业者的竞争身份使其更能够换位思考，进而识别出创造社会价值的新策略（Grant，2008），这种创新无疑是可持续创业行为里面至关重要的部分。学者们发现一种具有亲社会动机的创业者，即为集体和社会谋取福利的创业者，会孜孜不倦地追求可持续创业行为（Kirkwood & Walton，2010；Li & Liang，2015），与注重商业环境的创业者的竞争身份相比，那些专注于生态和社会环境的创业者更有可能形成对可持续发展机会的动机，即使他们没有亲自追求这样的机会的意图（Shepherd & Patzelt，2011），而动机又是创业者身份的首要构造条件。换言之，创业者的使命身份使其为了向外界表达自己的身份认同，追求以收益而开展的活动同时不影响其经营所处的生态和社会环境的可持续创业行为的意愿程度要强于仅仅依靠获利为评判标准的竞争身份的创业者。

# 第七章
# 资源与环境的影响作用


## 一、拼凑与效果逻辑在创业资源获取中的作用

"拼凑"是被法国人类学家克劳德·列维-斯特劳斯(Levi-Strauss，1967)首先提出的一个概念，最初被其视为探究在某些社会中意识形成本质的一部分，现已被扩展到许多其他学科。"资源拼凑"这一术语不是简单地"利用手头的东西"，而是描述了一种特定的环境，例如创意产业中即兴创作、批判性思维、灵活性和即时机会识别的共同特征(Winkel et al.，2013)。Baker 和 Nelson(2005)将"资源拼凑"(Entrepreneur Bricolage)定义为将手头资源组合凑合使用以致力于解决新的问题和发现机会，也是本研究所采纳的对资源拼凑的定义，并归纳了资源拼凑的过程(见图 7-1)。

在研究资源拼凑这一变量时，有一个与此类似的变量：效果逻辑。以下将对两者进行辨析与阐释选择资源拼凑而不是效果逻辑的理由。

在创业的过程中，获取资源是创业领域三大要素之一(Timmons，1994)，新创企业要想获得成功，资源甚至会成为其冲破牢笼的最大障碍。传统的经济学和管理学都认为新创企业在创办企业的过程中，组织、行业和市场等都是已经存在的，而新创企业所要做的事情就是获取这些外在的资源来协助企业的存活和成长，事实上，这些都是事先存在的吗？Sarasvathy(2001)提出的效果逻辑(Effectuation)颠覆了学术界"资源获取"这一行为的刻板理解。她认为组织、行业和市场等都是不复存在的，是被我们创造出来的，而我们需要解释的是创造它们的过程，创造的过程与手段

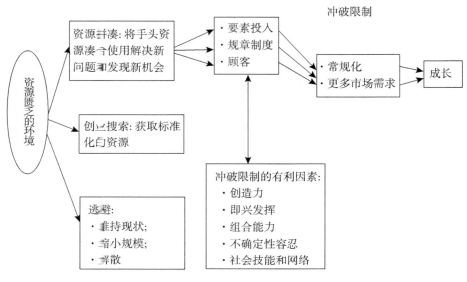

图 7-1 根据 Baker 和 Nelson（2005）的研究整理

导向紧密相关，手段导向与目标导向又是相对的。正如以前不存在的互联网行业，难道我们都是假设互联网这种企业已经存在然后再进行发展的吗？换句话说，Sarasvathy 认为对未来的预测充满着变数，而我们能够多大程度上控制着未来，我们就在多大程度上不需要预测未来。比如，在 1935年，爱因斯坦认为人类无法制造出原子弹，而如今呢？

既然传统的创业观点认为资源是存在的，认为创业就是根据某种标准在可供选择的资源中获取回报的最大，按照这种逻辑，新创企业在创业的过程中会面临许多不确定和突发的情形，那么这时候的新创企业无法获取资源来存活下来该怎么办？就好比一个餐厅的厨师，他会在客人点菜之前把菜单上的菜品都备齐然后按照客人的点菜进行做菜，但是万一由于天气的原因，一连好多天厨师无法外出购买食材，而剩余的菜品又无法制作出菜单上的菜品，那么这时候餐厅就没有其他存活的办法了吗？很显然厨师可以根据自己乘下的食材有什么来去重组做菜这种手段导向而不是一味想着去从外面获取菜单上面的特定食材的这种目标导向。我们可以看出，效果逻辑在高度不确定性和不可预测性的情形下更加的适用。除此之外，Sarasvathy 还发现真正的创业者事实上并不看重商业计划书的作用，就像在恶劣天气的厨师没必要那么在意菜单，在对美国某商学院的历届毕业生进行调查的过程中发现，有没有商业计划书对他们的新创企业的绩效并没有影响。在效果逻辑的观点中，Sarasvathy 认为创业者更应该从"我是谁？我认识谁？我知道什么？"的基础上迅速采取行动，然后在行动的过程中会碰到意想不到的挫折并在此基础上更改自己的目标或者改变行为方式，终有一天会获得完全预料之外的结果。

采用效果逻辑的创业者具有以下四个显著的特征：

第一，采用效果逻辑的创业者追求的是能够生产出什么，而不是目标最大化。目标导向的创业者希望能够获取与自己目标相匹配的资源从而获得回报最大化。效果逻辑者希望在给定的资源和自己能够承受的最大的损失内尽可能多地去尝试去追求多的可能性。

第二，采用效果逻辑的创业者追求的是战略合作而不是市场营销里面的竞争分析。目标导向的创业者追求波特的五力模型分析，而效果逻辑者一开始就比较注重合作，希望与尽可能多的利益相关者建立良好的关系用来降低未来的不确定性，这也和近些年来对利益相关者的研究相一致。

第三，采用效果逻辑的创业者注重在偶然性中发现机会，而不是对以往知识的开发。这就造成效果逻辑的创业者把偶然性视为机遇和家常便饭，而目标导向者则把偶然性视为敌人和洪水猛兽。在偶然性比较高的时候，未来难以预测的时候，效果逻辑比目标导向更合适。

第四，效果逻辑的创业者注重对未来不可预测性的控制而不是对不确定性的预测，在奈特的研究基础上，Sarasvathy 强调了风险和不确定性对创业者的不同影响。风险强调的是事件背后的概率分布已经确定，但是不确定性是指事件背后的概率分布未知。在实际经营状况，企业家面临着更多的不确定性场景，事件的发生是完全陌生的，这种不确定性比风险更可怕，只有超越了不确定性的创业者才能够涉足令人激动的成功高地。

除了效果逻辑之外，资源拼凑在 2005 年也以一种冲破传统思维禁锢的方式进入大众视野，并且与效果逻辑提出的前提类似。传统的资源基础模型认为企业已经存在并嵌入一定的环境之中且与其他的企业进行竞争成长，企业本身已拥有一些竞争性的资源。然而大多数的新创企业由于新进入者障碍，我们很难想象这样的企业会在举步维艰的资源环境中奇迹般地存活下来甚至发展良好。Baker 和 Nelson（2005）通过扎根理论的探究范式指出在资源环境匮乏的情形中企业解决资源问题的三种途径：第一种就是资源搜索，比如借款或者寻找新的投资者，然而资源搜索往往需要高额的成本，这对于新创企业来说无疑是巨大的压力；第二种就是资源拼凑，把手头的资源凑合使用并立即开展行动以发现新机会和解决问题；第三种就是选择放弃和停止不前。

Baker 和 Nelson 指出资源拼凑使得一些企业在拥有很少的资源的情形下能够存活甚至发展良好。与此同时指出了资源拼凑的创业者需要具备创造力、即兴发挥的能力、组合能力、对不确定性的容忍和社会技能与网络这些特质，和可以从要素投入、规章制度和顾客三个方面"从无到有"的打破资源贫乏的牢笼。除此之外，资源拼凑还有三个特性：

其一，"凑合使用"，即创业者在资源约束下偏向于采取行动，并积极参与解决问题或发现机会，而不是关心是否可以从手头的事情中创造出可行的结果。使用资源拼凑的企业有意识地突破常规，比如无视传统意义上的资源投入、惯例和标准化的限制等，并且勇于尝试和承担后果。"凑合使用"这一创业者的行为倾向表明对于资源环境的社会建构与资源的客观约束具有同等的效力，同时也揭示了即使具有相同资源的两家企业也能够生产出不同产品的原因。

其二，不同资源的组合和重用，而不是最初打算或使用的资源，将资源用于新目的过程，有时可以作为推动从现有资源以新"服务"的形式发现创新的机制，这种资源的重新整合通常与即兴发挥（improvisation）这一能力有关。在 Baker 和 Nelson 的研究中就发现一家新创企业的战略信息系统就是即兴发挥的结果，因为其建立完全没有经历详细的计划而是对现有程序的不经意的整合。

其三，手头的资源，公司在利用手头资源的能力方面存在显著差异，这再次表明了特殊社会建构的特质即坚定的资源环境，并指向特定的社会和组织机制，资源拼凑强调机会是创造出来的，创业者们应及时利用手头的资源去抓住稍纵即逝的创业机会，而不是简单的"购买决策"。创业者可以根据目标调用手头的资源而无需花费高额的代价去搜索资源。

资源拼凑与效果逻辑从某种角度来看是非常相似的两个概念，并且在某些方面的概念是相互重合的(Welter et al.，2016)。比如两者都赞同资源的约束有时候并不能成为有些创业者的障碍，反而是激发创业者资源获取新思路的跳板，摆脱对资源操纵者的依赖也能够成功实施创业行为；都强调未来的产品并不是客观存在的，也就是说产品并不是一开始就能想到雏形，而是因为企业将其视为资源并对其异质性的、逐渐地改进和使用才创造了不同的、未来的产品；两者或多或少的赞同机会是被创造出来的而不是本身客观就存在的；效果逻辑的显著特征是手段导向，资源拼凑中也可以以手段导向为特征也可以以目标导向为特征等相似点。资源拼凑与效果逻辑的差异同样存在的，如表7-1所示。

表7-1　　　　　　　　　　**效果逻辑与资源拼凑比较表**

| 类型 | 效果逻辑 | 资源拼凑 |
|---|---|---|
| 机会来源 | 不明确可能的(近期)未来 | 不确定(已知或未知难题) |
| 应用背景 | 源于对不确定性的认知的有限理性 | 资源匮乏 |
| 资源利用 | 手段导向：我是谁？我知道什么？我认识谁？ | 手头的资源有哪些(物质、人力、技术等) |
| 互动方式 | 与利益相关者互动 | 与利益相关者、政策制定者、顾客互动 |
| 创业方式 | 把偶然性当作机遇 | 即兴发挥，不被资源所限制 |

经过以上对比，本研究选取资源拼凑而不是效果逻辑的原因如下：

第一，资源拼凑更加关注创业者所具有的特质，这与本研究的前因变量不谋而合。在资源拼凑中，资源拼凑者需要具备创造力、即兴发挥的能力、组合能力、对不确定性的容忍和社会技能与网络这些特质。换句话说，这也强调了在创业的过程中，创业者对创业过程的重要性，而效果逻辑不强调创业者的差异，而是单纯的手段导向，即使不同的个体拥有相同的手段导向则也能产生相同的结果，这显然是不符合常规的。

第二，资源拼凑不仅仅强调手段导向，同时也包含目标导向，即资源拼凑并不认为两者在创业的过程中是相互矛盾的。效果逻辑认为在创业的过程中，在"从无到有"的过程中，因为我们并不知道未来是怎样的，而只能一步一步向前推进来看结果；而在资源拼凑中，创业者可以在资源匮乏的情形下为了生存使用手段导向，但是也可以拥有清晰的目标然后凑合使用手头的资源去即刻行动和抓住稍纵即逝的机会。

第三，效果逻辑的应用背景是创业者的有限理性，试想，不论是创业者或是非创业者都会面临有限理性，这不仅仅是创业者的"特权"；而资源拼凑应用的情景是资源匮乏的环境，在新创企业建立的过程中，资源匮乏是无法躲避的问题，即使面临的资源是富足的，但是只要创业者感知到自己所处的环境是不确定的，资源不足以来生产出自己想要的产品，都可以使用资源拼凑这一策略。

第四，资源拼凑在资源利用方式上，强调对物质、人力、技术和规章制度等客观资源的利用；效果逻辑关注"我是谁？我知道什么？我认识谁？"，强调主观上对资源有无的判断，因为效果逻辑的出发点是人的有限理性，所以在对资源的主观判断上是不准确的，而资源拼凑弥补了这一缺点，不强调资源的主观判断，而是资源就是客观存于组织外部的环境之中，只是不同的创业者异质性的识别和使用才产生了不同的产品和服务。

## 二、资源拼凑对可持续创业的影响

不同身份类型占主导地位的创业者都会面临着相同的问题：创业活动受限于组织所拥有的资源，大多数的创业者察觉到创业机会后通常都会遭受创业资源匮乏的局面，比如财务资源和人力资源的缺失，"新进入者缺陷"（Stinchcombe，1965）说的就是这种境遇。因此，创业资源约束长期以来成为了学术界和实业界难以解决的问题（梁强等，2016；张敬伟等，2019）。根据资源拼凑理论，在资源匮乏的环境中，企业可以通过选择三种途径中的资源拼凑这一策略会更加有效的应对困境。本研究认为，资源拼凑是企业在资源困境中摆脱资源束缚的最佳选择，进而有助于不同身份类型的创业者去更好的实施可持续创业行为。

在"新进入者缺陷"困扰着创业者的时候，有着强烈逐利动机的创业者的竞争身份使得创业者更加愿意在获取资源的手段上大胆尝试一些非常规的和极具风险的方法，甚至创业者会表现出一定程度的对不确定性的偏好（Lumpkin & Dess，1996）。创业者的竞争身份的风险承担性使得资源拼凑这一极具不确定性策略的存在成为可能，资源拼凑策略是一种试探性的策略，在没有获取成功之前谁也无法保证它的正确性。换句话说，有着强烈逐利动机的创业者的竞争身份使得创业者对于创建的企业保持对创新知识、机会的敏感性，创造开放、包容的风险态度，进一步促进了新创企业资源拼凑策略的实施。

创业者的竞争身份使得创业者以和其他企业竞争作为参考框架，想要获得和其他公司不一样的资源优势（Fauchart & Gruber，2011）。Steffens 等（2009）发现，更高水平的资源拼凑行为导致了更好的资源优势。换句话说，当一个组织具有更高水平的资源拼凑实施策略时，它就能获得更高水平的竞争优势。这得到了 Chandler 和 Hanks（1994）的支持，他们指出，当组织中的可用资源支持高质量的差异化战略时，组织可以获得更好的销售额和更高的市场份额。Ho Chea Hooi 等（2016）通过对 334 家马来西亚中小企业的研究认为资源拼凑为企业获得了竞争资本，从而对可持续创业产生了正向影响。由此可知，创业者的竞争身份使得创业者为了获取更好的资源优势而去实施资源拼凑策略，从而进一步更好地追求以收益而开展的活动同时不影响其经营所处的生态和社会环境的可持续创业行为。

传统的创业为了达到经济目标而进行的打破资源限制的活动都是难上

加难，可想而知拥有使命身份占主导地位的创业者为了达成自己身份的使命和维护自己的身份面临的创业环境更加艰难，创业者的使命身份使得创业者被束缚在"绿色牢笼"中（Pachecoa et al.，2010），为了达到经济目标、环境目标和社会目标这三重底线需要付出比普通的创业者更大的努力去打破资源困境。

根据资源拼凑理论，组织的发展必须要重视打破资源限制，当拥有着"混合使命"的使命身份占主导地位的创业者想要通过实施成功的可持续创业行为向外界表达自己身份而又面临着资源因笼困境的时候，从外界直接获取资源的难度很大且消耗大量的人力、物力的时候，资源拼凑是打破这一"黑箱"的钥匙，给我们提供了不同于传统视角上的一味地从外界获取资源，而是利用自己手头现有的资源去即刻行动应对问题、把握机会，不徘徊于手头资源是否切实可行。相比较于面对资源困境时资金无法支撑外部获取资源的束手无策，资源拼凑可以从主观识别上给我们提供一种思路。从资源拼凑策略既是一种将就又是一种创新策略，它对资源的稀有度没有特别的要求，在其策略发生的同时，追求的是满意的结果并非最优结果。这样，创业者的使命身份使得创业者可以通过资源拼凑去达到自己的目标，实施可持续创业行为。与此同时，资源拼凑行为以较低或者几乎零成本的代价，解决了较为棘手的问题，为新创企业获得生存与发展的机会，这在瞬息万变的市场竞争中，创业者需要能够快速响应和把握机会的时刻，新创企业在开发一个接一个的创业机会时显得格外吸引创业者效仿。

## 三、环境不确定性的影响作用

不确定性在创业理论中占据中心位置（Duncan，1972；McMullen & Shepherd，2006），企业家在不断变化和快速变化的环境中创造和识别商机（Sarasvathy，2001；Shane & Venkataraman，2000）。1921 年，Knight 提出环境不确定之所以产生是由于个体缺少相应的知识去预测未来可能会发生的事情，个体对未来出现状况的不确定和难以掌控使得环境不确定性普遍存在。Duncan（1972）类似提出环境的不确定性是差异化的主体所感受的不确定性，从而提出"感知到的环境不确定性"的概念，并为学者们所普遍接受。这种主观意义上的不确定性是指个体察觉到想要从外界中获得自己需要的信息是具备一定难度的。McKelvie（2011）把不确定性被定义为由于技术创新和对某一产品或服务的需求的波动而无法预测环境的变化。人们通常根据他们的感知行事（Milliken，1987；Perrewe & Zellars，1999）。Tan 和 Litsschert（1994）发现并不是所有的个体在相同的环境都会做出相同的反应行为，甚至有些个体不会做出任何响应行为，这是因为环境不确定性本质上是一种知觉现象而不是客观存在的，只有个体自身察觉到环境不确定性的存在才会做出反应。Milliken（1987）提出不确定性是创业者缺少相干信息或者缺少区别分析有效数据的能力，从而感到不能预测和回应环境的变化。

在目前大多数的研究中，感知到的不确定性被定义为企业家无法预测环境变化的主观感知现象，不确定性会使得创业者充满怀疑并且延迟或者阻碍创业行动（Lipshitz & Strauss，1997）。Lipshitz 和 Strauss（1997）指出，不确定性作为一种主观经验的感知在心理学中具有悠久的传统（Duncan，1972）。企业家面临着竞争激烈的水平，市场变化，获取金融资源的挑战以及利益相关者不可预测的行为，所有这些都可能造成不确定的情况，但是不同的创业者在相似的不确定性情况下可能会提出不同的主观看法（Mcmullen，2006）。关于不确定性维度的划分也有不同的看法。March 和 Simon（1958）利用资源多样性一个维度对外部环境的特质进行解释；Thompson（1967）使用动态性和异质性这两个维度阐述环境不确定性的主要特点；Child（1972）认为复杂性、变动性与流动性三个维度更能解释环境不确定性；Dess 和 Beard（1984）则选择动态性、繁杂性、丰富性三个维度对环境不确定性加以理解；Manolis（1997）认为环境不确定性包括动态性、复杂性与敌对性三个不同方面；Chen（2005）等研究则发现两个维度：技术不确定性和市场不确定性；Jaworski（1993）等认为环境不确定性包含：市场动荡性、技术变革、竞争强度；Schmitt 和 Rosing（2018）研究了环境不确定性的两个组成部分：技术创新和产品或服务需求。创业研究经常将技术方面和产品或服务需求视为最重要的不确定性来源（Behrens et al.，2014；Song & Montoya-Weiss，2001）。首先，企业家可能无法准确预测快速且不断变化的技术环境（Song & Montoya-Weiss，2001）。技术方面包括内部维度（例如熟悉技术和开发一种产品和服务所需的技术技能）和外部维度（例如第三方开发技术）。其次，产品或服务需求通常不能由企业家控制（Peidro et al.，2010），特别是早期阶段的企业家缺乏解决从不熟悉的市场出现的不可预测问题的惯例（McKelvie et al.，2011；McMullen & Shepherd，2006）。

在大多数学者的研究中，不确定性都被当作一个单一的维度的概念，包含消费者市场、技术、服务和竞争等方面相互结合的影响（Helfat & Winter，2011；Schilke，2014；Girod & Whittington，2017）。尽管在有些研究中把感知到的不确定性作为多维度，可是在以往的研究中其实并没有发现因为维度的不同而产生偏差较大的研究结果（龙思颖，2016）。综上所述，本研究赞同 Lipshitz 和 Strauss（1997）对感知到的不确定性的定义并且把它作为一个统一的单维度概念。

不确定性贯穿创业的始终，创业者的具体行为和战略决策都或多或少的因环境不确定性而调整，创业者根据自身从外界感知到的不确定性采取相应的创业行动。感知到的不确定性是企业家无法预测环境变化的主观感知现象，不确定性会使得创业者充满怀疑并且延迟或者阻碍创业行动（Lipshitz & Strauss，1997），更进一步，Mcmullen（2006）在 Lipshitz 和 Strauss 两位学者研究的基础上通过研究得出结论：对于追求利润最大化为首要目标的创业者来说，创业者感知到的不确定性越低的时候越有可能采取创业行动，因为创业者感知到的不确定性越低意味着创业者认为自己可以主观上预测到外界环境的变化，不确定性越低就会使得创业者认为外部盈利可能性的增加从而驱使其采取创业行动；而当创业者感知到的不确定性越高越不会采取相应的创业行动，因为创业者感知到的不确定性越高意味着创业者自身无法掌握和预测外界环境的动荡，使得创业者认为从外界获取利润的代价变高或者变得艰难和不可监控从而降低采取创业行动的可能。

　　创业者竞争身份认同使得创业者将竞争公司看成社会空间中主要的外部参考点，作为新的和一般的小生产者，他们努力让自己与竞争企业不一样来实现竞争优势，致力于创业领域最有利可图的市场，这些具有竞争身份的创始人一旦发现某种有利可图的商业模式，他们可能会从劣势的细分市场开始，容忍周边环境的恶劣，不断开拓其他领域（Fauchart & Gruber，2011）。在这种高不确定性的环境下，对于把获利最大化作为目的创业者的竞争身份使得创业者需要一方面要根据变化从内外部搜索资源，另一方面要应对成熟企业的挑战，这意味着企业风险性的增加不可控因素的增多（Ruiz-Ortega et al.，2013），降低了相应的创业行动——利用资源拼凑去实施可持续创业行为。相反的是，在环境不确定性较低的时候，想要获取更多利益的创业者的竞争身份使得创业者会认为外部竞争没有那么难以掌控和预测，资源的获取没有那么困难，就会利用大胆的资源利用方式：资源拼凑，进而成功实施可持续创业行为。所以当创业者的竞争身份使得创业者在感知到的不确定性越高的时候，传统以获利最大化为目标的创业者本能的风险规避心理会让这种创业者规避暂时的创业行动而去选择暂时的自保和较为安全的策略，创业者的竞争身份使得创业者越不会利用资源拼凑去实现其可持续创业行为。从本质上来说，无论创业者拥有何种身份占主导，创业者都有相通之处，与创业者的竞争身份相似，创业者的使命身份在感知到不确定性高低的情形下也会使得创业者作出同样的选择。

　　综上，本研究认为感知到的不确定性将调节资源拼凑在创业者的竞争身份、使命身份与可持续创业行为之间的中介作用。当感知到的不确定性高的时候，创业者的竞争身份、使命身份分别使得创业者通过资源拼凑的中介作用而对可持续创业行为产生的间接影响将会减弱；相反，当感知到的不确定性低的时候，创业者的竞争身份、使命身份分别使得创业者通过资源拼凑的中介作用而对可持续创业行为产生的间接影响将会增强。

# 第四编　可持续创业的绩效转化机制

实现经济利润是创业的中心问题，也是可持续创业企业得以持续发展的重要保障。本研究认为可持续创业的长效发展取决于其创业绩效的实现及非经济绩效与经济绩效的良性转化，因此本部分着重通过实证研究，探讨可持续创业行为的绩效如何产生，非经济绩效与非经济绩效之间存在着怎样的传导机制。

本编首先从个体层面开展实证研究，通过对创业者的问卷调查实证检验第六章提出的相关研究假设，研究发现，创业者的竞争身份和创业者的使命身份使得创业者均会选择可持续创业行为，但效力有别；创业者身份是发现和识别创业机会的重要因素；然而，不同的创业者身份具有不同水平的可持续创业行为；感知到的不确定性及资源拼凑会影响可持续创业者的行为选择。其次，本编进一步从企业层面探究可持续创业企业的绩效产生机制，探讨了以可持续创业为导向的组织如何对员工个体的工作使命感产生影响。研究发现，创业企业可以通过战略层面的可持续创业导向，影响员工对工作的认知，从而提高工作使命感，使其更好地适应工作要求和组织环境，有更高的工作投入和工作满意度，最终产生更高的绩效。

综上，本部分的研究通过实证调研探讨了可持续创业行为与新创企业绩效的关系，以及员工行为在非经济绩效与非经济绩效之间的传导机制，从而为可持续创业企业如何增强员工工作使命感，从而提升工作绩效与工作活力提供了一定的启示。

# 第八章
# 可持续创业行为的实证研究

本章基于社会认同理论和资源拼凑理论，以创业拼凑为中介变量分析了创业者的竞争身份与创业者的使命身份两种不同的创业者身份对可持续创业行为的影响，并探究感知到的不确定性在创业者的竞争身份与创业者的使命身份到创业拼凑再到可持续创业行为该被中介模型中发挥的调节作用。本章基于第六章构建的假设模型，通过对新创企业的问卷调查和使用 SPSS21.0、AMOS21.0 统计工具对各个变量之间的关系进行实证研究，验证假设模型，在对研究结论进行深入讨论的基础上提出相应管理启示。

## 一、研究设计

### （一）问卷设计

本次调研问卷主要变量分为五个部分，分别是：竞争身份、使命身份、资源拼凑、可持续创业行为和感知到的不确定性（见表 8-1）。除了感知到的不确定性是采用中国学者改进的量表之外，本次调研使用的均为西方成熟量表。鉴于可持续创业的量表在中国的应用较少，本问卷在两位管理学背景的博士研究生的帮助下对其进行了双向互译，剩下的成熟量表参照国内已有的中文版进行了翻译，确保量表在不违背原意的前提下适用于中国情境。

表 8-1　　　　　　　　　　本研究所采用量表的概况

| 变量中文名 | 变量英文名 | 量表来源 | 题项数 |
|---|---|---|---|
| 竞争身份 | Darwinians | Siegeret al.（2016） | 6 |
| 使命身份 | Missionaries | Siegeret al.（2016） | 6 |
| 资源拼凑 | Entrepreneur Bricolage | Senyard（2009） | 8 |
| 可持续创业行为 | Sustainable Entrepreneurship | Muñoz & Dimov（2015） | 8 |
| 感知到的不确定性 | Perceived Uncertainty | 肖增瑞（2018） | 5 |

创业者身份。Sieger 等（2016）在 Fauchart 和 Gruber（2011）研究的社会身份基础上，开发了创业者社会身份的 18 个题目量表，其中就有竞争身份、使命身份和社群身份，该量表基于创办企业的动机、如何评价自己作为创业者和采取创业行动时的参考框架三个维度，进行开发与检验。经过 12 个不同国家和地区的实证研究，证实该量表具有较高的信度，学者们对这一量表的接受度较高，并且郑超（2017）在中国情境下验证了创业者身份这一构念，研究结论是新企业创始人的确具有不同类型的创业者身份，验证了创业者身份是一个多维度的构念，并且阐释了创始人的创业者身份对新企业创办意义重大。本研究采用的是也是 Sieger 等（2016）的量表，两种自变量身份各包含 6 个题目，如："我创办自己的公司是为了赚钱和变得富有"等。

资源拼凑。2005 年"资源拼凑"的概念提出以后，Senyard 等人于 2009 年开发出了一个九个题目的量表，其后又发展为八个题目的量表，2015 年，问卷开发者从多个国家采集了八个样本来验证这八个题目的信度和效度，目前这一量表是国内外目前使用最为广泛的量表，其包含的题目如："我们有信心通过使用现有资源为新挑战找到可行的解决方案"。可持续创业行为。可持续创业行为就是以创建可持续新事业为目标而实施的一系列行为，本质就是为权衡三重底线所付出的努力，这就是本研究关注的结果变量。正如求职相关的研究中，学者们并不是以找到的工作来记录求职行为，而是用求职过程中采取的行为来记录（如：Van Hooft et al.，2004）。本研究关注的结果变量反映了个体为创建可持续新事业实施了多少目标导向的行为，而不是最终是否成功创建了可持续新事业。本研究采用的是Muñoz 和 Dimov（2015）开发的可持续创业行为量表，包含 8 个题目，如："我创办企业是为了提高人类健康水平和生活福祉"。

感知到的不确定性。肖增瑞（2018）在 Schilke（2014）的基础上把环境不确定性整合为一个维度用五个题目的量表来测量创业者感知到的环境不确定性，题目为：我们行业的生产/服务模式经常发生大的改变；我们行业的顾客需求在不断变化；我们行业的营销模式在不断变化；我们行业面临的环境变化很难预料；我们行业中经常有新的商业模式出现。这也是本研究采取的测量创业者感知到的不确定性的量表。

控制变量。主要包括创业者的性别、年龄、受教育程度、婚姻状况、创业年限、创业之前工作年限。首先，不同性别、年龄、受教育程度的创业者在面对资源困境时处理的方式可能不同。有研究表明年长的创业者要比年轻的创业者压力承受能力更强（Baron et al.，2016），那么面对资源困境时可能更加会寻找突破性的方法去打破资源牢笼。女性创业者更容易受家庭影响从而放弃寻找打破资源牢笼的办法（Justo et al.，2015）。更高的受教育程度可以使创业者更好地了解和评估创业机会，从而提高生存的可能性，增加寻找打破资源困境的方法（Gimeno et al.，1997）。将创业年限和创业之前工作年限作为控制变量是因为创业者的身份随着创业时间的变化可能会发生不同的变化（Hoanga & Gimeno，2010）。

最后，从本质上来说，创业者的社群身份和使命身份有一定的重合。两种身份占主导的创业者创立企业的初心都是从"他人"的角度出发，社群身份占主导强调造福社区，使命身份占主导的创业者注重为社会谋福利。而且，郑超（2017）发现社群身份占主导的创业者与使命身份占主导的创业者相关系数达到了 0.567（$P<0.001$），相关性较高。其实我们不难发现在中国的情境中，社群身份这个概念的创业者是很少的，更多体现的是其他两种身份占主导的创业者。因此本研究选择三种身份维度的中的典型的两种：竞争身份和使命身份，同时为了排除群体身份的影响，将社群身份作

为控制变量。

研究对象。依据 Fauchart 和 Gruber(2011)的研究,有着 5 年以内创建时间的企业才能被认为是新创企业,由于本研究的论述重点是新创企业,所以本次调研的样本均是创立公司在五年及以下,主要分布在北京、上海、武汉、安徽和广州这五个地方。问卷收取方式有访谈身边的中小企业的创业者和企业家集中培训课堂这两种。

为了控制同源误差,本研究采取的是两人填写一份问卷的不同部分,具体做法是:控制变量和创业者身份主要是由主要创始人填写;资源拼凑、可持续创业和感知到的不确定性由次要创始人填写或者创业团队其他伙伴,少部分创始人只有一人的,由其创始人指定的其他管理骨干人员填写。同时量表的选择是六点量表,因为根据 Chen 等(1995)的研究发现,中国人的"中庸"思想,在选择五点或者七点量表的时候,他们更加倾向于选择中间的数值,而六点量表恰好可以规避这一倾向。最终本问卷有效回收 332 份,剔除明显不符合要求的问卷 122 份,最终得到有效问卷 210 份。具体的人口统计分析结果如表 8-2 所示。

表 8-2　　　　　　　　　　　　本研究样本概况( $N=210$ )

| 样本特征 | 样本分布 | 样本数 | 比重(%) |
|---|---|---|---|
| 性别 | 男 | 173 | 82.4 |
| | 女 | 37 | 17.6 |
| 年龄 | 25 岁以下(含) | 14 | 6.7 |
| | 26~35 岁 | 55 | 26.2 |
| | 36~45 岁 | 73 | 34.8 |
| | 46 岁及以上 | 68 | 32.4 |
| 学历 | 大专及以下 | 171 | 81.4 |
| | 本科 | 36 | 17.6 |
| | 硕士及以上 | 3 | 1.4 |

续表

| 样本特征 | 样本分布 | 样本数 | 比重(%) |
|---|---|---|---|
| 创业之前工作年限 | 1 年以下(含) | 9 | 4.3 |
| | 1~3 年 | 66 | 31.4 |
| | 4~10 年 | 109 | 51.9 |
| | 11 年及以上 | 26 | 12.4 |
| 创业团队人数 | 自己 1 人 | 50 | 23.8 |
| | 2~5 人(含) | 111 | 52.9 |
| | 6~11 人 | 37 | 17.6 |
| | 11 人及以上 | 12 | 5.7 |
| 创业年限 | 1 年以下(含) | 18 | 8.6 |
| | 1~3 年 | 50 | 23.8 |
| | 4~8 年 | 83 | 39.5 |
| | 9 年及以上 | 59 | 28.1 |
| 婚姻情况 | 未婚 | 24 | 11.4 |
| | 已婚 | 168 | 80.0 |
| | 离异 | 18 | 8.6 |
| 员工人数 | 10 人以下(含) | 54 | 25.7 |
| | 11~50 人 | 104 | 49.5 |
| | 51~100 人 | 28 | 13.3 |
| | 100~300 人 | 23 | 11.0 |
| | 301 及以上 | 1 | 0.5 |
| 所属行业 | IT/软硬件服务/电子商务 | 10 | 4.8 |
| | 餐饮/娱乐/旅游/酒店/生活服务 | 16 | 7.6 |
| | 贸易/进出口 | 8 | 3.8 |
| | 绿色能源产业 | 15 | 7.1 |
| | 快消(食品、饮料、化妆品) | 10 | 4.8 |
| | 教育/培训/科研/院校 | 11 | 5.2 |
| | 制药/生物工程/医疗设备器械 | 5 | 2.4 |
| | 制造业 | 34 | 16.2 |
| | 房地产开发/建筑工程/装潢/设计 | 24 | 11.4 |
| | 其他 | 77 | 36.7 |

### (二)信度和效度分析

1. 量表信度分析

本研究使用 SPSS 21.0 对所采用的量表进行信度检验，各个量表的 Cronbach's alpha 系数见表 8-3。由表 8-3 可知，在 210 份有效问卷中，竞争身份、使命身份、资源拼凑、可持续创业行为和感知到的不确定性量表的内部一致性系数均在 0.7 以上，表明各量表的信度可靠。

表 8-3　　　　　　　　　本研究量表信度分析结果(N=210)

| 变量 | 英文名及简称 | | 题项数 | Cronbach $\alpha$ |
|---|---|---|---|---|
| 竞争身份 | Darwinians | D | 6 | 0.858 |
| 使命身份 | Missionaries | M | 6 | 0.833 |
| 资源拼凑 | Entrepreneur Bricolage | EB | 8 | 0.872 |
| 可持续创业行为 | Sustainable Entrepreneurship | SE | 8 | 0.864 |
| 感知到的不确定性 | Perceived Uncertainty | PU | 5 | 0.814 |

2. 量表效度检验

效度是用来体现模型拟合效果的指标，针对成熟量表，一般采用验证性因子分析。在正式调研之前对量表进行了回译，并且根据预测试的反馈进行问卷语句的调整，这都保证了问卷整体的效度。本研究采用 Amos 21.0，对本模型进行了验证性因子分析。

表 8-4 可以是整体量表的区分效度，将五因子、四因子、三因子、两因子、一因子进行比较分析，结果显示，五因子的模型拟合得更好。从表 8-4 可以看出，五因子模型的 $\chi^2/df$ 为 1.801，RMSEA 为 0.062，CFI、TLI 和 SRMR 的系数分别为 0.915、0.895 和 0.060，很明显各项拟合指标都优于其他四个模型，说明五因子模型的拟合效果最好，也证明了五个变量之间具有良好的区分效度。

表 8-4                   **本研究整体量表的区分效度检验**

| | 模型 | $\chi^2(\mathrm{df})$ | $\chi^2/\mathrm{df}$ | RMSEA | SRMR | CFI | TLI |
|---|---|---|---|---|---|---|---|
| 1. | 5 因子<br>D；M；EB；SE；PU | 772<br>(429) | 1.801 | 0.062 | 0.060 | 0.915 | 0.895 |
| 2. | 4 因子<br>D；M+EB；SE；PU | 1057<br>(448) | 2.361 | 0.081 | 0.070 | 0.849 | 0.822 |
| 3. | 3 因子<br>D+M+EB；SE；PU | 1759<br>(487) | 3.612 | 0.100 | 0.083 | 0.735 | 0.712 |
| 4. | 2 因子<br>D+M+EB+SE；PU | 1935<br>(452) | 4.281 | 0.106 | 0.086 | 0.699 | 0.677 |
| 5. | 1 因子<br>D+M+EB+SE+PU | 2073<br>(493) | 4.205 | 0.202 | 0.149 | 0.671 | 0.647 |

注：（1）D 表示竞争身份；M 表示使命身份；EB 表示资源拼凑；SE 表示可持续创业行为；PU 表示感知到的不确定性；（2）本研究样本数 $N=210$。

### 3. 共同方法偏差检验

本研究的中介变量、结果变量和调节变量均来自于同一受测者的测量数据，故而很可能会存在一定的同源方差问题，因此，本研究采用了 Harman 单因子检验方法对是否存在共同方法偏差的问题进行检验。如果探索性因子分析只解析出一个因子或者某个因子的解释力度超过了 40%，则说明存在严重的共同方法偏差问题。因而，本研究将所有变量放在一起进行了因子分析，其中最大因子的方差解释率为 37.491%，低于 40%，以上结果说明本研究不存在共同方法偏差问题。

## 二、调查结果分析

### （一）描述性统计与相关分析

本研究使用 SPSS 21.0 对相关变量进行了描述性统计分析，主要包括：均值（mean）、标准差（SD）、相关系数（见表 8-5）。

表8-5

## 主要研究变量的描述性统计及相关系数矩阵

| 变量 | M(SD) | 1 | 2 | 3 | 4 | 5 | 6 | 7 | 8 | 9 | 10 | 11 |
|---|---|---|---|---|---|---|---|---|---|---|---|---|
| 1 Gender | 1.18(0.38) | 1 | | | | | | | | | | |
| 2 Age | 4.24(1.67) | 0.199** | 1 | | | | | | | | | |
| 3 Edu | 4.47(1.24) | −0.108 | −0.089 | 1 | | | | | | | | |
| 4 Marri | 1.98(.46) | 0.195** | 0.429** | −0.003 | 1 | | | | | | | |
| 5 Year1 | 3.03(1.16) | 0.157* | 0.305** | 0.000 | 0.167* | 1 | | | | | | |
| 6 Year2 | 3.40(1.34) | 0.048 | 0.609** | −0.121 | 0.282** | 0.354** | 1 | | | | | |
| 7 C | | | | | | | 0.1 | 1 | | | | |
| 8 D | 4.67(0.88) | −0.025 | 0.058 | 0.110 | −0.180* | 0.063 | 0.052 | 0.527** | 1 | | | |
| 9 M | 4.42(0.77) | −0.160* | −0.192** | 0.048 | −0.252** | −0.181** | −0.201** | 0.651** | 0.549** | 1 | | |
| 10 EB | 4.56(0.78) | −0.102 | −0.105 | 0.055 | −0.198** | −0.177* | −0.156** | 0.586** | 0.568** | 0.619** | 1 | |
| 11 SE | 4.61(0.73) | −0.218** | −0.102 | 0.131 | −0.141* | −0.173* | −0.139* | 0.482** | 0.474** | 0.638** | 0.548** | 1 |
| 12 PU | 4.41(0.86) | −0.153* | −0.092 | 0.046 | −0.207** | −0.025 | 0.093 | 0.415** | 0.502** | 0.535** | 0.467** | 0.374** |

注：(1)Gender 代表创业者性别，Age 代表创业者年龄，Edu 代表创业者受教育程度，Marri 代表婚姻状况，Year1 代表创业之前工作年限，Year2 代表创业年限，C（Communitarinas）代表社群身份，D（Darwinians）代表范群身份，M（Missionaries）代表使命身份，EB（Entrepreneur Bricolage）代表资源拼凑，SE（Sustainable Entrepreneurship）代表可持续创业行为，PU（Perceived Uncertainty）代表创业者感知到的不确定性；(2)

$*p<0.05$，$**p<0.01$，$***p<0.001$，；(3)$N=210$。

### （二）假设检验

（1）创业者身份与可持续创业行为关系的回归分析。

本研究首先采用 SPSS 21.0 初步验证了假设 1、假设 2 和假设 3 之后，随后本研究使用 SPSS21.0 软件进行进一步的分层回归分析，在进行自变量到结果变量回归分析的时候，进行多重共线性的进一步检验，结果显示自变量容许度接近于 1，膨胀系数远小于 10，表明自变量之间不存在多重共线性问题。直接效应检验结果如表 8-6 所示：在把性别、年龄、教育程度、婚姻状况、工作年限、创业年限控制之后，从模型 2、3 可以看出竞争身份和使命身份都与可持续创业行为呈正相关（$\beta = 0.544$，$p < 0.001$；$\beta = 0.573$，$p < 0.001$），且把竞争身份和使命身份同时加入的模型 5 中，可以看到使命身份与可持续创业行为的回归系数（$\beta = 0.439$，$p < 0.001$）要大于竞争身份和可持续创业行为的回归系数（$\beta = 0.338$，$p < 0.001$），由于是标准化估计，以上可以比较大小。综上所述，假设 1、假设 2、假设 3 均得到了验证。

表 8-6 　　　　　　　　可持续创业行为多元回归分析结果

| 变量 | 可持续创业行为 | | | | | |
|---|---|---|---|---|---|---|
| | 模型 1 | 模型 2 | 模型 3 | 模型 4 | 模型 5 | 模型 6 |
| 性别 | −0.043 | −0.058 | −0.022 | −0.070 | −0.037 | −0.049 |
| 年龄 | 0.188* | 0.027 | 0.138* | 0.042 | 0.050 | 0.024 |
| 教育程度 | 0.096 | 0.065 | 0.091 | 0.071 | 0.073 | 0.069 |
| 婚姻状况 | 0.001 | 0.087 | 0.030 | 0.058 | 0.076 | 0.079 |
| 工作年限 | −0.073 | −0.123* | −0.054 | −0.049 | −0.089 | −0.067 |
| 创业年限 | −0.268** | −0.174* | −0.116 | −0.083 | −0.093 | −0.044 |
| 不确定性 | 0.510*** | 0.157* | 0.184** | 0.121 | 0.040 | −0.020 |
| 竞争身份 | | 0.544*** | | | 0.338*** | 0.195* |
| 使命身份 | | | 0.573*** | | 0.439*** | 0.360*** |

续表

| 变量 | 可持续创业行为 | | | | | |
|---|---|---|---|---|---|---|
| | 模型 1 | 模型 2 | 模型 3 | 模型 4 | 模型 5 | 模型 6 |
| 资源拼凑 | | | | 0.602*** | | 0.308*** |
| $R^2$ | 0.310 | 0.462 | 0.510 | 0.502 | 0.558 | 0.588 |
| Adjusted-$R^2$ | 0.286 | 0.441 | 0.491 | 0.482 | 0.538 | 0.568 |
| $\Delta R^2$ | (0.310) | 0.152 | 0.200 | 0.192 | 0.248 | 0.030 |
| F-value | 12.969*** | 21.605*** | 26.185*** | 25.310*** | 28.070*** | 28.444*** |

注：（1）＊表示在$p<0.05$上显著；＊＊表示在$p<0.01$上显著；＊＊＊表示在$p<0.001$上显著（双尾检验）；（2）表中变量的系数为标准化估计；（3）研究样本数$N=210$。

（2）创业者身份与资源拼凑的回归分析。

把竞争身份、使命身份作为自变量，把资源拼凑作为结果变量的回归分析结果如表8-7所示。从模型4可以看出，无论是竞争身份还是使命身份都与资源拼凑呈正相关（$\beta=0.463$，$p<0.001$；$\beta=0.259$，$p<0.001$）。由此可知，本研究的假设4和假设6得到支持。

表8-7           资源拼凑多元回归分析结果

| 变量 | 资源拼凑 | | | | | |
|---|---|---|---|---|---|---|
| | 模型 1 | 模型 2 | 模型 3 | 模型 4 | 模型 5 | 模型 6 |
| 性别 | 0.044 | 0.028 | 0.060 | 0.041 | 0.041 | 0.044 |
| 年龄 | 0.242** | 0.069 | 0.203** | 0.082 | 0.032 | 0.051 |
| 教育程度 | 0.041 | 0.008 | 0.037 | 0.013 | 0.029 | 0.013 |
| 婚姻状况 | -0.094 | -0.002 | -0.072 | -0.008 | -0.017 | -0.011 |
| 工作年限 | -0.038 | -0.092* | -0.024 | -0.073 | -0.063 | -0.080 |
| 创业年限 | -0.307*** | -0.206*** | -0.189** | -0.158** | -0.098 | -0.133* |
| 不确定性 | 0.645*** | 0.265*** | 0.393*** | 0.197** | 0.123* | 0.175** |

续表

| 变量 | 资源拼凑 | | | | | |
|---|---|---|---|---|---|---|
| | 模型 1 | 模型 2 | 模型 3 | 模型 4 | 模型 5 | 模型 6 |
| 竞争身份 | | 0.585*** | | 0.463*** | 0.351*** | 0.443*** |
| 使命身份 | | | 0.442*** | 0.259*** | 0.310*** | 0.255*** |
| 交互项 1 | | | | | −0.213*** | |
| 交互项 2 | | | | | | −0.097* |
| $R^2$ | 0.471 | 0.647 | 0.590 | 0.680 | 0.704 | 0.687 |
| Adjusted-$R^2$ | 0.453 | 0.633 | 0.574 | 0.666 | 0.689 | 0.672 |
| $\Delta R^2$ | (0.471) | 0.176 | 0.119 | 0.209 | 0.024 | 0.007 |
| $F$-value | 25.703*** | 46.057*** | 36.229*** | 49.299*** | 47.328*** | 43.751*** |

注：（1）＊表示在 $p<0.05$ 上显著；＊＊表示在 $p<0.01$ 上显著；＊＊＊表示在 $p<0.001$ 上显著（双尾检验）；（2）表中变量的系数为标准化估计；（3）不确定性即为感知到的不确定性，交互项 1、2 分别表示竞争身份/使命身份×感知到的不确定性（调节已中心化）；（4）研究样本数 $N=210$。

（3）中介效应检验。

对于本研究中介效应的检验用的是 Baron 等学者（1986）的方法：

自变量（竞争身份、使命身份）对结果变量（可持续创业行为）的影响。（已得到验证）

自变量与中介变量的关系：竞争身份、使命身份对资源拼凑的影响。（已得到验证）

中介变量与结果变量的关系即资源拼凑对可持续创业行为的影响。从表 8-6 可以看出，资源拼凑与可持续创业行为的回归系数是 $\beta=0.602$，$p<0.001$。

检验中介效应：同时引入竞争身份或者使命身份和资源拼凑，分析创业者身份对可持续创业行为的影响是否因资源拼凑的引入而消失（完全中介效应）或削弱（部分中介效应）。从表 8-6 的模型 6 可以看出，当同时引入竞争身份和资源拼凑时，竞争身份对可持续创业行为的影响依然显著（$\beta = 0.195$，$p < 0.05$），说明资源拼凑在竞争身份和可持续创业行为之间起部分中介作用。在使命身份和资源拼凑一起引入之后，使命身份的回归系数是$\beta = 0.360$，$p < 0.001$，虽然下降了，但是仍然显著，表面资源拼凑在使命身份与可持续创业行为之间是部分中介效用。

具体的效应值见表 8-8 Bootstrap 中介效应检验，该检验采用 SPSS 软件中的 Process 程序，方法采用 Bias Corrected，置信次数 5000。对资源拼凑的 Boostrap 中介效应检验的效应值和相应的置信区间可以看出：在竞争身份路径中，竞争身份对可持续创业行为的直接影响为 0.147，95%的置信区间为[0.016，0.278]，不包含 0，说明直接效应显著；竞争身份对可持续创业行为的间接效应为 0.114，95%的置信区间为[0.031，0.219]，不包含 0，说明间接效应显著，即资源拼凑在竞争身份影响可持续创业行为过程中起中介作用，假设 5 得到验证。同理，在使命身份的那条路径中，使命身份对可持续创业行为的直接影响为 0.322，95%的置信区间为[0.186，0.458]，不包含 0，说明直接效应显著；使命身份对可持续创业行为的间接效应为 0.060，95%的置信区间为[0.010，0.137]，不包含 0，说明间接效应显著，即资源拼凑在使命身份影响可持续创业行为过程中起中介作用，假设 7 得到验证。

表 8-8　　　　　　　　　　中介效应检验结果汇总表

| 变量 | 效应 | Effect | SE | Bias Corrected(95%) | |
| --- | --- | --- | --- | --- | --- |
| | | | | CI 下限 | CI 上限 |
| 竞争身份 | 直接效应 | 0.147 | 0.067 | 0.016 | 0.278 |
| | 总效应 | 0.261 | 0.061 | 0.141 | 0.380 |
| | 间接效应 | 0.114 | 0.048 | 0.031 | 0.219 |
| 使命身份 | 直接效应 | 0.322 | 0.069 | 0.186 | 0.458 |
| | 总效应 | 0.382 | 0.069 | 0.246 | 0.517 |
| | 间接效应 | 0.060 | 0.033 | 0.010 | 0.137 |

## （三）调节效应检验

本研究通过依次回归对感知到的不确定性路径的调节作用进行检验。为了减少变量间的多重共线性，在进行调节作用分析之前对变量进行中心化处理，之后得到竞争身份与感知到的不确定性的交互项再进行回归分析。

（1）检验控制变量对资源拼凑的影响。（2）将自变量（竞争身份、使命身份）和调节变量（感知到的不确定性）引入回归方程中，发现竞争身份、使命身份与资源拼凑呈现显著正相关关系（$\beta = 0.585$，$p<0.001$；$\beta = 0.442$，$p<0.001$），感知到的不确定性与可持续创业行为呈现显著正相关关系（$\beta = 0.510$，$p<0.001$）。（3）模型6，进一步将竞争身份、使命身份与感知到的不确定性交互项引入回归方程中，交互项对资源拼凑影响的回归系数值分别为$-0.213$（$p<0.001$）、$-0.097$（$p<0.05$），表明感知到的不确定性在竞争身份（使命身份）与资源拼凑的关系的中起负向调节作用。

此外，本研究分别以高于/低于均值一个标准差为标准描绘出感知到的不确定性在影响竞争身份、使命身份与资源拼凑关系中的不同。图8-1清楚地展现了该交互作用的影响模式，检验结果表明：随着感知到的不确定性水平的提高，竞争身份与资源拼凑的正向关系被削弱了（$\beta_{high} = 0.179$，$p<0.05$；$\beta_{low} = 0.346$，$p<0.001$）；使命身份与资源拼凑的正向关系被削弱了；即感知到的不确定性对资源拼凑与可持续创业行为的关系具有负向调节作用，当竞争身份或者使命身份高的创业者感知到高不确定性时，竞争身份、使命身份对资源拼凑的正向效应被削弱了因此，假设8、假设9得到验证。

## （四）被调节的中介效应检验

为了进一步验证表现感知到的不确定性是否能够调节资源拼凑在具有竞争身份的创业者影响可持续创业行为过程中的中介效应，本研究采用SPSS软件中process3.0的Bootstrap法，执行次数5000次，选择model7，进行被调节的中介效应检验，结果如表 8-9 所示。

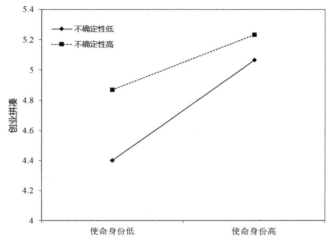

图 8-1　感知不确定性的调节效应

表 8-9　　　　　　　　**Boostrap 被调节的中介效应检验**

| 路径 | 调节变量 | 分组 | Effect | 标准误 | 上限 | 下限 | INDEX | 上限 | 下限 |
|---|---|---|---|---|---|---|---|---|---|
| D—EB—SE | PU | 低 | 0.095 | 0.043 | 0.027 | 0.196 | -0.027 | -0.053 | -0.007 |
| | | 高 | 0.049 | 0.031 | 0.006 | 0.123 | | | |
| M-EB-SE | PU | 低 | 0.091 | 0.035 | 0.033 | 0.168 | -0.021 | -0.053 | -0.001 |
| | | 高 | 0.054 | 0.025 | 0.014 | 0.109 | | | |

　　当创业者感知到的不确定性低于均值一个标准差时，资源拼凑在竞争身份对可持续创业行为影响中的中介效应为 0.095；当创业者感知到的不确定性高于均值一个标准差时，资源拼凑在竞争身份对可持续创业行为影响中的中介效应为 0.049，均达到显著水平，且高低两组之间的差异也是显著的（$\rho=-0.046$，$p<0.05$，95%CI 为[-0.092，-0.011]），更进一步，INDEX 指数为 -0.027，95%CI 为[-0.053，-0.007]，置信区间为不含 0，

都验证了被调节的中介成立。也就是说，随着创业者感知到的不确定性的增加，资源拼凑在竞争身份对可持续创业行为影响中的中介作用随之降低。即感知到的不确定性能够调节竞争身份通过资源拼凑对可持续创业行为的中介效应，当创业者感知到高不确定性时，竞争身份通过资源拼凑对可持续创业行为的正向效应会被削弱，同理可以看到使命身份这条路径也被削弱，假设10、假设11得到验证。

## 三、讨论与展望

创业者的竞争身份和创业者的使命身份使得创业者均会选择可持续创业行为，但效力有别。根据相关性统计显示，竞争身份和可持续创业行为在 $p < 0.01$ 的水平上显著相关（$r = 0.474$）；使命身份和可持续创业行为在 $p < 0.01$ 的水平上显著相关（$r = 0.638$）。根据回归分析的结果显示，竞争身份可以显著正向预测可持续创业行为（$\beta = 0.338\ p < 0.001$）；使命身份也可以有效地正向预测可持续创业行为（$\beta = 0.439$，$p < 0.001$），而且其回归系数强于竞争身份对可持续创业行为的回归系数。

创业者是发现和识别创业机会的重要因素（Casson & Wadeson，2007；张斌等，2018）。Short 等（2010）将创业机会明确定义为被创业者这一个体发现或者创造，并且随着时间的推移慢慢展露出对利润的巨大渴望。创业者即使拥有不同的创业初心和不同的创业倾向选择，但是面对新兴的、有利可图的可持续创业行为都会采取一定的策略去应对和追求。虽然，强调利益最大化的竞争身份占主导和强调追求社会或者环境并推进特定的事业而往往不是利益最大化的使命身份占主导的创业者看似属于两种不同的创业者，但是根据社会认同理论，两种类型的创业者都会有着追求获利让初创企业存活下去的共同初心，进而会去选择符合自己创业者身份的创业行为。

然而，不同的创业者身份具有不同水平的可持续创业行为。相比于以为社会造福为己任、为了整个社会的利益可以推进特定事业发展的使命身份的路径，仅仅靠着可持续创业有利可图的商业模式才去创业的竞争身份的路径略显单薄。因为竞争身份的创业者努力让自己与竞争企业不一样来实现竞争优势，致力于创业领域最有利可图的市场，这些竞争身份占主导地位的创始人一旦发现其他某种比可持续创业更加有利可图的商业模式，他们可能会从劣势的细分市场开始，容忍周边环境的恶劣（Fauchart & Gruber，2011），不断开拓其他领域。

　　根据逐步回归结果以及 procss3.0 的进一步验证结果表明资源拼凑在竞争身份、使命身份和可持续创业行为的正向关系中起部分中介作用。初创企业面临的资源约束十分巨大，稍有差池就会被创业圈淘汰在外，如何克服资源的挑战是初创企业面临的重大挑战，而资源拼凑就是中小企业的一种应对挑战的方式或者说是一种被迫的选择（王兆群等，2019）。Harlow 和 Chadha（2019）通过研究印度新闻业的创业者发现，创业者的竞争身份使得创业者视资源为启动创业的先决条件，而创业者的使命身份使得创业者把创造力视为先决条件。具有竞争身份的创业者把获利最大化作为目的，并且在看到实施可持续创业行为有利可图的时候才会去实施可持续创业行为，当创业者的竞争身份使得创业者找到合适的创业手段可以实现获利的时候其可以通过资源拼凑策略去实施可持续创业行为，这也就符合本研究中资源拼凑在竞争身份与可持续创业行为之间的部分中介作用。创业者的使命身份使得创业者由于具有强烈的社会责任感和利他动机，无论其是否采用资源拼凑策略均能够成功去实施可持续创业行为，但是资源拼凑给了使命身份占主导地位的创业者在资源束缚下打破牢笼的又一途径，增加了实施可持续创业行为的可能性，这也是本研究所验证的资源拼凑在使命身份与可持续创业行为之间的部分中介作用。

　　感知到的不确定性对创业者的竞争身份、使命身份与资源拼凑的正向关系起到负向调节的作用。具体来说，当创业者的竞争身份、使命身份使得创业者在感知到不确定性高的时候，创业者的竞争身份、使命身份与资源拼凑的正向关系被削弱了，当感知到的不确定性高的时候，创业者的竞争身份使得创业者感知到市场和竞争条件的不可预测性，为了获利最大化这时候更加倾向于采取保守策略而不是冒险策略去收集内部和外部资源，创业者的使命身份为了达到促进社会可持续发展的目标也会谨慎对待风险，感知到的不确定性的调节作用被验证了；进一步，资源拼凑在创业者的竞争身份、使命身份影响可持续创业行为中的中介作用也都会受到感知到的不确定性这一调节变量的影响，也就是说，创业者的竞争身份、使命身份使得创业者在感知到的外界环境不确定性越大的时候，具备这种身份占主导地位的创业者们越不会使用资源拼凑这一策略去达到可持续创业行为，在外界环境复杂和不可预测的情境下，资源拼凑是一种风险极高的行为，由于拼凑来的产品可能不合法和不为常规所接受（Baker & Nelson，2005），常规创业者天生具有的一定风险规避心态会让创业者们规避暂时的高风险策略而去选择暂时的自保的和较为安全的策略，也就是说，创业者的竞争身份、使命身份使得创业者越不会利用资源拼凑策略去实现可持续创业行为。换句话说，资源拼凑是新创企业在资源匮乏的情境下冲突资源限制的一种策略，但是效力有限，在传统为追求获利最大化的创业者们和为了达到自己社会使命的创业者们感知到的不确定性高的情形下，创业者们可能去选择其他策略去突破资源限制。

本研究探讨了创业者的两种身份对可持续创业行为的影响，并且研究通过资源拼凑这一策略的如何影响可持续创业行为以及具有竞争身份的创业者感知到的不确定性在这一过程中的调节作用。下面分别从理论贡献和实践启示谈一下本研究的贡献所在。

（1）从微观的创业者身份特征层面探讨可持续创业行为的产生，丰富可持续创业理论，有效开发了可持续创业行为实施的途径，拓宽研究视角，目前还较少有研究从可持续创业者个体层面探讨可持续创业行为的生成机制。同时拓展了社会认同理论在创业领域的应用。社会认同理论提供了一种理论联系来解释社会认同是如何引导个体以强化身份的方式采取行动的，强调外界对个体身份的认同，创业者在创业的过程中通过去和不同的社交群体进行交往从而强化自己的身份，这种社交互动和反馈在组织中很常见，尤其是创业型初创公司，并且创始人身份的特殊特征可能会推动他们行为的重要方面。本研究从社会认同理论出发，从创业者竞争身份和使命身份出发，预测创业者在机会稍纵即逝、资源贫乏的情形下的资源获取行为，为广大初创企业在资源不易获取的情形下提供资源获取的新思路，同时有助于从创业者身份的理论视角探索可持续创业者行为选择的内在心理机制具有重要作用。

（2）拓展了资源拼凑理论在创业领域的应用，验证资源拼凑在中国情境下依然适用。解释拥有不同身份的创业者在资源获取成本高的条件下，可以通过专注于累积丢弃或低估的资源来构建资源。这样的公司的目标通常是成本最小化，并通过"凑合使用"来满足令人满意的表现水平。现有研究探究了可持续创业者基于商业的竞争身份对于其行为的影响（DiVito & Bohnsack, 2017; York et al., 2016），注重的是创业者身份中的创新、主动性和风险承担等特质，并没有直接探讨过拥有使命身份的创业者在资源匮乏下如何进行创业行为的选择以达到创业目的，本研究解释了创业者的使命身份使得创业者在资源获取成本高的条件下，可以通过专注于累积丢弃或低估的资源来构建资源，并且探讨了在环境不确定性的情形下和两种创业者身份如何进行创业策略的选择。

（1）创业者可以通过创业形式改变整个社会的相关秩序规范，创业者的存在使得社会发展得越来越美好。无论创业者拥有怎样的创业初心或者是创业动机，只要看到在解决社会而问题的同时，可持续创业的获利性的存在，都会实施可持续创业行为。成功的创业可以解决就业问题、解决部分社会难题、拉动经济增长。新型的可持续创业更是对社会、环境和经济三个方面都有正向的影响。在 2016 年的"创新驱动与资本引领"高峰论坛上，相关领导人尤其提到管理层要特别关注到创新创业对于经济转型时期起着牵头的作用。然而，与一些发达国家相比，我国的创业创新项目处于起步阶段，"双创"作为一项系统工程，国家层面应进一步鼓励创业，鼓励可持续创业这样的新型的、更加有益于社会的创业方式，给予新创企业更多的政策或者是资金的支持；社会层面比如银行等应该给予创业者更加宽松的融资环境，帮助新创而弱小的企业成功存活下去；学校教育层面应该加强创业教育，在毕业季就业形势一年比一年严峻的今天，有意识地培养青少年的创业意识，为自己的未来职业生涯开拓更多创业的可能性；创业者的家人应该更多地给予创业者更多的关怀与鼓励，创业者的家庭与创业者是紧密相连的，甚至有时候能起很大的决定性作用，家人的无条件支持与帮助可以让创业者减少后顾之忧，减少创业压力，增加创业成功的可能性。

（2）鼓励新创企业在资源困境中寻找新的突破资源窘境的策略。资源是有限的，国家曾号召要把有限的资源投入解决无限的问题，其实资源环境并不像它看起来那么强大或者那么具有约束力，每种公司资源的各种使用方式和无数可能有用的组合都是创业者自己审视资源不同的维度。资源拼凑有助于理解企业家如何从无到有建构资源，资源拼凑策略为创业者在高度受限的环境中夺取宝贵的资源组合提供了希望。在创业教育中，可以适当延伸创业者的创业思维，不局限于从外界花费高额代价去获取资源，可以适当从手头资源出发，将现有手头的资源组合去凑合使用以应用于新的问题和机会。

（3）创业者在创业的过程中要正视创业过程中的不确定性和国家要实施一定的政策帮助创业者增加创业的可能性。比如进一步加大对有创业需求和创业困难人员金融可获得性的支持，因为创业者在创业的过程中面临着各种各样的不确定性，也就是不可预测性。在面对创业的不确定性的时候，创业者会采取各种各样的策略去让新创企业存活下来和达到创业的目的。在面对创业的过程中的各种不确定性和不可预测性的时候，有些创业者拥有很好的风险战略意识，能够很好地采取策略去成功应对，把不确定性从阻力一定程度上变成创业成功路上的助推力，而有的创业者由于自身素质或者先前经验的不足则不能成功的应对不确定性最终导致创业在最后的关键时期功亏一篑。关于如何积极应对创业的不确定性、不可预测性是创业者在创业路上的一门必修课，创业者要培养自己敏感的观察力，锻炼自己的心智，磨炼自己的毅力，在面对前方未知的路的时候，及时采取合理的策略去适应和调整。

# 第九章
# 可持续创业对员工工作使命感的影响

可持续创业通过企业的可持续创业导向来实现社会向更加环保、社会和经济均衡的转变。而面对各行业对可持续创业导向的逐渐关注，这一战略对于企业员工个体也会产生更显著的影响。了解组织中的员工作为个体对其所做工作的一种态度和其感知方式是对于组织发展过程中的员工管理具有重要指导意义的（Wrzesniewski，2003）。员工的工作使命感，作为一种对工作的目的和意义的感知，对员工的主观幸福感和对工作态度和行为都有显著影响。一个具有强烈工作使命感的个体往往体现出许多积极的心理属性和工作上积极的行为属性，这使工作使命感受到更多学者的关注。鉴于此，本章进一步探讨以可持续创业为导向的组织是如何对员工个体的工作使命感产生影响的，以丰富相关的理论研究。本研究旨在为企业就如何增强员工工作使命感从而提升工作绩效与工作活力提供一定的启示。研究发现，创业企业可以通过战略层面的可持续创业导向，影响员工对工作的认知从而提高工作使命感，使其更好地适应工作要求和组织环境，有更高的工作投入和工作满意度，最终产生更高的绩效。

## 一、概念界定

### （一）可持续性创业导向

近来越来越多的人开始关注可持续创业导向的概念，这是一个由创业导向（Entrepreneurial Orientation，EO）和可持续导向（Sustainability Orientation，

SO）等概念综合形成的多维概念。

EO 由 Miller（1983）首次提出，已经成为商业科学中研究较多的话题。Miller 最初关于 EO 的概念是基于积极性，创新性和冒险性的三个维度。可以通过观察为吸引和支持新想法而采取的行动，提倡创造性的措施以及鼓励实验和测试过程来衡量公司的创新性。这些行动与产品服务和流程创新有关（Lumpkin，1996）。公司积极主动性的一个普遍指标是它对未来变化的预期和反应的意愿，这种行为常常导致积极主动的企业成为市场上的先行者（Lumpkin，1996；Eggers，2014），而被动性公司则做出回应并遵循。

采取创业行动需要承受一定的风险和不确定性，以及很高的损失概率。这通常是倾向于冒险的代名词（Low，1988）。这种风险是在对可能的结果进行了广泛研究之后承担了经过计算的风险（Morris，2008）。Miller 和 Friesen（1983）清楚地将 EO 理解为决策过程，不仅影响了企业的创新意愿，而且在主动性和承担风险方面超越了竞争对手。

与 EO 相反，SO 作为一种组织战略姿态很少在文献中出现，根据 Roxas 和 Coetzer（2012）的定义，我们认为 SO 是将可持续利益和实践整合到战略、战术和业务活动中的组织战略导向。因此，一个公司通过将可持续的利益纳入其文化、决策、战略和业务运作，并通过与利益相关者的互动，发展和展示其走向可持续性的方向（Reuter，2012）。

作为一个同 EO 一样形成于竞争文化背景下的概念，可持续创业导向近几年引起了诸如 Bos-Brouwers（2010）Kuckertz 和 Wagner（2010）等研究者的关注。虽然这些作者并没有把 SEO 作为一个整体来研究，但他们试图从创业理论出发，从个人层面来分析创业意图与 SEO 之间的关系。Kuckertz 和 Wagner 的研究结论认为了解一个组织的可持续发展方向（SO）在一定程度上有助于理解其创业意图。

因此，按照 Gomis 和 Taulet 等人（2017）的研究，将 EO 和 SO 两个战略导向整合到总体战略导向中。是从创业导向的视角出发对于可持续创业的研究。表现为战略层面对于公司的可持续发展和创业行为积极的导向，是企业在决策和行动时进行可持续创业活动的意愿和强度。通过这种整合灵活地适应新出现的机会发现和开发能力，更有效地应对当前的环境需求和不稳定性，有助于在经济、社会和环境方面取得成功的结果。

目前大多数关于可持续创业导向的研究都主要集中在，第一，对可持续创业导向概念界定和维度划分；第二，可持续创业导向的量表；第三，可持续创业导向的结果变量研究，例如企业绩效、企业创新等方面。但是对于可持续创业导向对员工个体层面的影响的研究尚且不足。

## （二）组织认同

组织认同（organizational identification）的概念源自社会认同理论，是社会认同的一种特殊形式，个人根据自己在组织中的身份产生的一种自我定义，是对组织价值观的同一性和情感隶属性的感知（Mael & Ashforth，1992）。

魏钧等（2007）总结了组织认同有三类定义：（1）认知部分，是对一个社会群体成员的认知意识——自我分类。（2）情感部分，是对组织客观承诺的情感参与感。（3）社会学的角度，是个体由于具有组织成员身份产生的归属感。而这种认同会反映在员工通过考虑行为对组织的影响而做出决策的意图上。例如 Dukerich 等（2002）的研究证明，组织认同显著影响组织公民行为；Dick 等（2004）对组织认同与工作满意度间的关系进行了研究，研究了不同维度的认同对于工作满意度的影响。关于组织认同对于组织中个体层面的影响研究还有很多，此外组织认同的影响也能上升到群体层面对组织成员之间合作，团队凝聚力等方面的影响。

此外，目前关于组织认同的前因变量的研究也有很多。组织层面来看，学者们对组织文化（Schrodt，2002）、组织氛围（Smidts，2001）等因素均有相关研究；个体层面来看，任职年限、满意度等因素都会对组织认同产生影响。

## （三）工作使命感

使命感（calling）的概念最初起源于宗教，认为使命感源于上帝或更高的存在(Weiss et al., 2003)。随着 Bellah 等（1985）将使命感引入工作场所，使命感被赋予了新的内涵。使命感可以是源于主观的和内在的，也可以是源于外部需求。那些把工作视为一种使命的人并不只是对工作带来的金钱利益或职业发展感兴趣(Bellah et al., 1985)。相反，他们通过自己的工作寻求满足，从而在社区和整个社会中促进更大的善(Wrzesniewski et al., 1997; Dobrow & Tosti-Kharas, 2011)。

许多学者的研究表明工作使命感对员工的工作以及生活满意度有显著正向影响，Dobrow 和 Tosti-Kharas（2011）研究发现工作使命感与员工的工作投入呈中等程度相关，Hall 和 Chandler（2005）以及 Elangovan 等（2010）研究了工作使命感与工作绩效之间的正向关系，研究认为具有较强使命感的员工愿意为了工作付出更多的努力，也对风险和变化有更高的容忍度，因此能取得更好的绩效。

虽然对于工作使命感的结果变量，各学者有不同层面和方向的研究。而对于工作使命感的来源以及前因变量的研究尚且不足。一些研究认为领导的行为对员工对于组织的认同程度有较大的影响，当员工信任他们的领导时，他们会更愿意投身于自己的工作，而且不同类型的领导者行为的影响机制也不尽相同，Christian 等（2011）认为变革型领导的领导者有明确的期望、公平并认可良好的表现时，能够带来激情，通过产生对于工作的依恋感对员工敬业度产生积极影响。Fry 等（2011）研究认为精神型领导通过挖掘组织成员对超越和联系的需求，从本质上激励自己和他人，对员工的工作使命感产生积极影响。虽然这些研究对在职人员工作使命感的前因要素进行了一些探讨和研究，但是还有较大的空缺和不足。

## 二、研究假设与研究设计

### (一)可持续性创业导向与工作使命感

可持续创业导向表明企业愿意做出创新的、主动的、有风险的行为，这些行为与公司的经济、社会和环境方面的发展以及企业所处的环境相一致。有研究结果表明，员工对可持续性相关活动的参与度与工作动机之间存在正相关关系（Mozes，2011）。并且大量研究表明，与可持续性相关的商业实践可能对潜在员工和现有员工的行为产生有益的影响。

社会认同理论认为，人们将自身划分为不同的社会类别，并反作用于影响他们的自身概念（Ashforth & Mael，1989；Tyler & Blader，2003）。如果周围的其他个体或群体产生了积极行为或者效益，一个人的自身概念也会收到积极影响（Ashforth & Mael，1989；Stets & Burke，2000），一个人工作所在的组织产生的影响尤其显著。在组织环境中，公司的价值观、声誉和成就对于员工对公司的看法起到尤为重要的作用（Ashforth & Mael，1989；Greening & Turban，2000；Peterson，2004）。

对于工作使命感的定义目前国内外的研究尚存在一定差异，本研究采用 Dobrow 和 Tosti-Kharas（2011）对于使命感的界定，个体在特定领域感受到的一种极其强烈的，富有意义的激情。这种激情不仅受主观内在的因素，例如性格，等方面因素，同时也受到工作环境，组织文化等外在因素的影响。

本研究认为，当员工感知到企业的可持续创业导向时，会改善对企业的看法，从而增强组织依恋程度，这种依恋可以一定程度上表现为更负责任的行为以及对工作产生使命感。

本研究基于分析做出以下假设：

**H1**：可持续创业导向正向作用于工作使命感。

### （二）可持续创业导向与组织认同

根据人员-组织匹配理论（Person-organization Fit，PO-fit），PO-fit 可以定义为潜在员工的价值观与其认为组织所持有的价值观之间的一致程度（Chatman，1989；Cable and Judge，1996）。组织的价值观和战略目标是员工是否接受组织环境与组织本身的一个重要原因。而由于人们价值观、目标和态度等各不相同，他们会对与自己认为重要的价值观契合的公司产生强烈的认同。可持续创业导向作为近年来备受关注的战略，体现了组织战略层面的积极导向，员工在感知到组织的这种正面导向会增强对组织本身的认可，从而增强组织认同。

本研究认为员工感知到企业的可持续性创业行为会使员工认同企业的价值观，从而提升对组织的认同程度。

本研究基于分析做出以下假设：

**H2**：可持续创业导向正向作用于员工的组织认同。

可持续创业导向、组织认同与工作使命感之间的关系。

组织认同是与组织共同价值观和规范的共享，组织认同的加深是组织的价值观被员工所接受和实践的过程（Freud，1922）。组织认同反映在组织个体对组织的关注和重视，从而自身决策和行为会考虑到对组织的影响。因此员工的态度、行为和动机常常与组织认同联系在一起。Cardador（2011）等人的研究表明，组织认同与使命感是正向相关的。一旦员工对组织具有高度的认同感，意识到他们的态度有助于实现组织目标，就会对发挥自己的主观能动性，工作更加负责，努力为组织提高业绩。这便可以体现在工作使命感的提升当中。

本研究认为可持续创业导向会提升员工的组织认同，继而增强他们的工作使命感。

本研究基于分析做出以下假设：

**H3**：组织认同在可持续性创业导向和工作使命感之间起中介作用。

（三）集体主义倾向的调节作用

集体主义倾向是指比起独立的个体，更认为自己是集体中的一分子，反映了员工对他人和集体的关心程度。高集体主义倾向的个体重视组织，有更强的归属感，将集体利益至于个人利益之上，愿意为了成就集体的大我而舍弃小我（Triandis，1995）。集体主义倾向较高的员工对组织文化和价值观等方面的感知更为敏感，更容易受到组织环境变化的影响，集体主义倾向较高的员工会对组织抱有较高的期待，但当组织对于这种期待值不能产生相应的回应时，更容易产生不认可的情绪。

本研究认为，即使在相同的组织当中，可持续创业导向对于组织认同的影响程度也会有区别。当员工的集体主义倾向较高时，员工会更重视企业行为，以及企业价值观的感知与自身价值观的匹配程度，从而增强对组织认同程度的影响，而集体主义倾向较低的员工，面对组织的战略与价值观与自身不匹配时会更容易对组织失望，从而降低对组织的认同程度；反之，低集体主义倾向的员工并不会对企业的可持续创业导向产生明显反应，不易受到外界环境的影响。

本研究基于分析做出以下假设：

**H4**：员工的集体主义倾向越强，可持续创业导向对员工组织认同的正向影响越强；员工的集体主义倾向越弱，可持续创业导向对员工组织认同的正向影响越弱。

基于以上文献的研究和分析，本研究提出的研究模型如图 9-1 所示。本研究的主要目的是可持续性创业导向对员工工作使命感的影响，员工组织认同在可持续创业导向和工作使命感之间的中介作用以及集体主义倾向对员工组织认同的调节作用。

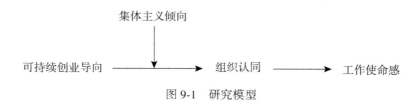

图 9-1　研究模型

## （四）问卷设计

### 1. 可持续创业导向测量量表

该量表总共有 8 个题项，该量表的 Cronbach's $\alpha$ 值为 0.872。

表 9-1　　　　　　　　　　　**可持续创业导向测量量表**

| 指标 | 量　　表 |
|---|---|
| S1 | 提高人类健康水平和生活福祉对本公司的运行非常重要 |
| S2 | 在所有利益相关者重新创造和分配经济价值对本公司的运行非常重要 |
| S3 | 改善特定社区的生活质量对本公司的运行非常重要 |
| S4 | 创造就业机会对本公司的运行非常重要 |
| S5 | 保护或恢复自然环境对本公司的运行非常重要 |
| S6 | 创造合乎道德和公平的产品对本公司的运行非常重要 |
| S7 | 与供应商建立公平交易对本公司的运行非常重要 |
| S8 | 推广民主的商业模式对本公司的运行非常重要 |

## 2. 集体主义倾向测量量表

集体主义倾向选取的量表为 Edwin 等学者使用过的成熟量表，共七个题项，该量表的 Cronbach's α 值为 0.808。

表 9-2　　　　　　　　　　　**集体主义倾向测量量表**

| 来源 | 指标 | 量　　表 |
|---|---|---|
| | C1 | 想要了解我是谁，可以先从认识我的同事开始 |
| | C2 | 对我来说，与同事们共处是愉快的 |
| | C3 | 当其他同事有经济困难时，我会尽力帮助 |
| Edwin<br>（2009） | C4 | 我尽量避免与其他同事产生分歧 |
| | C5 | 在做出决策时，我会与其他同事商量 |
| | C6 | 我的行为取决于我与谁在一起或我在哪里，或二者皆有 |
| | C7 | 我宁愿集体完成一项任务，而不是单独完成 |

## 3. 组织认同测量量表

本研究测量组织认同采用的是 Mael 和 Ashforth（1992）开发的 6 项目量表，该量表涉及的内容主要是关于员工对组织的情感。该量表简单明了，而且信度比较高，Cronbach's $\alpha$ 值为 0.915，被广泛用于国内外研究。

表 9-3 　　　　　　　　　　　　　　**组织认同测量量表**

| 来源 | 指标 | 题　　项 |
|---|---|---|
| Mael & Ashforth（1992） | O1 | 当别人赞美公司时，我觉得就像是在赞美我一样 |
| | O2 | 我很在意别人对我所在公司的看法 |
| | O3 | 公司的成功也是我的成功 |
| | O4 | 当有人批评我所在公司时，感觉像是对我个人的侮辱 |
| | O5 | 当有媒体批评了我的组织时，我会感到尴尬 |
| | O6 | 当谈到公司时，我会用"我们"而不是"他们" |

### 4. 工作使命感测量量表

本研究使用 Wrzesniewski. A 等（1997）开发的量表中的其中六项组成了一个 6 项目量表来测量工作使命感。此量表被广泛用于国内外的使命感研究中，有较好的信效度水平，该量表的 Cronbach's $\alpha$ 值为 0.860。

表 9-4 　　　　　　　　　　　　　　**工作使命感测量量表**

| 来源 | 指标 | 题　　项 |
|---|---|---|
| A. Wrzesniewski et al.（1997） | J1 | 我认为我的工作很有价值 |
| | J2 | 即使在假期我也会处理工作 |
| | J3 | 如果有机会选择我仍然会选择这份工作 |
| | J4 | 我愿意同他人谈论我的工作 |
| | J5 | 这份工作是我生命中很重要的经历 |

### 5. 控制变量的选择

通过参考前人的控制变量选择并结合本研究的研究实际，选择了性别、年龄、学历、工作年限、企业性质作为控制变量。其中，年龄分为男性和女性；年龄分为六个不同的等级，分别为 20 岁以下（不含 20 岁）、20~25 岁（含 25 岁）、26~30 岁（含 30 岁）、31~40 岁（含 40 岁）、41~50岁（含 50 岁）、51~60 岁（含 60 岁）、60 岁以上；教育程度分为高中/中专及以下、大专、本科、硕士及以上；工作年限分为 1 年及以下、1~3 年（含 3 年）、3~5 年（含 5 年）、5 年以上；企业性质分为国有企业、民营企业、外资企业、中外合资企业和其他。

6. 数据收集

本次研究的数据通过问卷星网络问卷收集。问卷明确写明研究目的、承诺研究数据的保密性。在对问卷的处理上，首先剔除符合要求的问卷，如填写时间过短或过长的问卷、选择题项具有明显的规律性的问卷等，以保证数据的有效性。本研究通过网络发放问卷共 220 份，其中有效问卷195 份。

采用 SPSS24.0 软件进行统计分析与数据处理，以验证可持续创业导向、集体主义倾向、组织认同、工作使命感之间的关系。主要用于处理量表的信度分析、变量之间的相关分析和多层回归分析。

## 三、数据分析与统计结果

### （一）描述性统计以及相关分析结果

研究各变量的平均值、标准差和相关系数见表 9-5。由表 9-5 可知，可持续创业导向与工作使命感（$r=0.266$，$p<0.001$）正向相关、可持续创业导向与员工的组织认同显著正相关（$r=0.376$，$p<0.001$）、集体主义倾向与员工的组织认同显著正相关（$r=0.414$，$p<0.001$）、员工的组织认同与工作使命感显著正相关（$r=0.555$，$p<0.001$）。结果初步支持了研究假设，也为后续回归分析提供条件。

表 9-5 各变量的平均值、标准差和相关系数

| 变　量 | M | SD | 1 | 2 | 3 | 4 |
|---|---|---|---|---|---|---|
| 1. 可持续创业导向 | 4.0764 | 0.73176 | 1 | | | |
| 2. 集体主义倾向 | 4.0637 | 0.62148 | 0.399*** | 1 | | |
| 3. 组织认同 | 4.1002 | 0.75999 | 0.376*** | 0.414*** | 1 | |
| 4. 工作使命感 | 3.9085 | 0.80757 | 0.266*** | 0.434*** | 0.555*** | 1 |

注：* 表示 $p<0.05$，** 表示 $p<0.01$，*** 表示 $p<0.001$。

### （二）研究假设检验

本研究用多层回归的方式来进行假设检验，分析结果见表 9-6 和表 9-7。关于组织认同的中介效应采用 Baron 和 Kenny（1968）的部分中介检验条件。从表 9-7 结果可知可持续创业导向对员工的工作使命感（表 9-7 M2，$\beta=0.633$，$p<0.001$）和员工组织认同（表 9-6 M2，$\beta=0.541$，$p<0.001$）均有显著的正向影响，本研究的假设 1 和假设 2 得到验证。在加入中介变量（组织认同）后，可持续创业导向对工作使命感的影响显著性减弱，且中介变量组织认同对于工作使命感（表 9-7 M3，$\beta=0.508$，$p<0.001$）有显著正向影响，综合以上分析可以得出结论，员工组织认同在可持续创业导向与工作使命感之间起到部分中介作用，本研究假设 3 得到证实。

关于员工集体主义倾向的调节效应，从表 9-5 的 M4 模型中我们可以看到可持续性创业导向与集体主义倾向的交互对员工的组织认同会产生正向影响（表 9-6 M4，$\beta=1.197$，$p<0.05$），图 9-2 直观呈现了集体主义倾向的调节效应，是分别取集体主义倾向和可持续性创业导向的平均值加减一个标准差然后带入回归方程描绘而出的。这表明员工的集体主义倾向越高，可持续创业导向与组织认同之间的正向关系会越强；反之，集体主义倾向越低，可持续创业导向与组织认同之间的正向关系会越弱，假设 4 得到证实。

表 9-6 层级回归结果

|  | 中介变量：组织认同 | | | |
| --- | --- | --- | --- | --- |
|  | $M_1$ | $M_2$ | $M_3$ | $M_4$ |
| 控制变量 | | | | |
| 年龄 | 0.307* | 0.314** | 0.257** | 0.238** |
| 教育程度 | −0.155 | −0.173* | −0.097 | −0.106 |
| 工作年限 | −0.135 | −0.061 | −0.027 | −0.013 |
| 企业性质 | 0.093 | 0.035 | 0.043 | 0.03 |
| 自变量 | | | | |
| 可持续性创业导向 | | 0.541*** | 0.139* | 0.823* |
| 调节变量 | | | | |
| 集体主义倾向 | | | 0.639*** | 0.69** |
| 交互效应 | | | | |
| 可持续性创业导向×集体主义倾向 | | | | −0.216* |
| $R_2$ | 0.083 | 0.371 | 0.62 | 0.628 |
| $F$ | 3.33* | 13.162** | 29.005** | 25.79* |
| $\Delta R^2$ | 0.119 | 0.283 | 0.24 | 0.011 |
| $\Delta F$ | 3.33* | 46.383** | 65.146** | 2.968* |

注：$n = 195$ ；***表示 $p < 0.001$，**表示 $p < 0.01$，* 表示 $p < 0.05$。

表 9-7 层级回归结果

|  | 结果变量：工作使命感 | | |
| --- | --- | --- | --- |
|  | $M_1$ | $M_2$ | $M_3$ |
| 控制变量 | | | |
| 年龄 | 0.186 | 0.194* | 0.034 |
| 教育程度 | −0.101 | −0.122 | −0.034 |
| 工作年限 | −0.125 | −0.038 | −0.007 |
| 企业性质 | 0.198* | 0.13 | 0.112 |

续表

| | 结果变量：工作使命感 | | |
| --- | --- | --- | --- |
| | $M_1$ | $M_2$ | $M_3$ |
| 自变量 | | | |
| 可持续性创业导向 | | 0.633*** | 0.358** |
| 中介变量 | | | |
| 员工组织认同 | | | 0.508*** |
| $R^2$ | 0.051 | 0.448 | 0.607 |
| $F$ | 2.373 | 17.749** | 27.48** |
| $\Delta R^2$ | 0.087 | 0.388 | 0.154 |
| $\Delta F$ | 2.373 | 72.406** | 40.455** |

注：$n=195$ ； ***表示 $p<0.001$ ， **表示 $p<0.01$ ， * 表示 $p<0.05$ 。

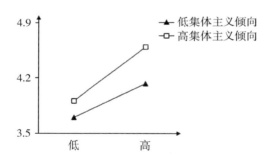

图 9-2　不同集体主义倾向的员工在可持续性创业导向下组织认同的差异

## （三）研究结果分析

企业的可持续性创业导向能从战略层面反映组织文化、组织氛围和价值观。员工对组织的忠诚度、对于工作的喜爱程度，很可能会受到自身对组织感知的影响。但并不是所有员工都会受到组织环境的影响。本研究以此为出发点重点探讨了可持续性创业导向对工作使命感的影响，以及组织认同和集体主义倾向在这个影响过程中所起的作用。结果表明：

可持续创业导向正向作用于员工的工作使命感，对工作更加积极负责。这个作用过程部分通过组织认同作为中介，可持续创业导向对员工组织认同的影响程度受到个体的集体主义倾向的影响，集体主义倾向高的个体在感知到企业的可持续创业导向后会更容易提高对组织的认同感，说明企业以可持续创业导向为战略能一定程度上增强员工的工作使命感。这是因为可持续性创业导向是战略的环境保护倾向，对组织高度关注的员工在日常生活和工作过程中员工从战略层面感知到企业的价值观和文化，增强对组织的认可，更愿意承担更多对组织和工作的责任和承诺，对工作态度产生积极影响。

（1）管理启示。

第一，加强员工对企业战略的了解。优秀的企业战略甚至是企业文化，能给员工营造一个更好的工作环境和工作氛围，能对员工对于组织和工作的态度产生潜移默化的影响。员工对企业战略了解越多也更容易更好地融入组织，进而提高组织归属感和工作效率。

第二，重视组织认同的作用。现在对于员工的精神层面需求的满足日渐受重视，比如满意度、归属感等。通过本研究和一些相关研究，发现员工有高度组织认同感对于组织许多方面的发展会产生不同程度的积极影响。

第三，建设以可持续创业为导向的组织。从实际的角度来看，可持续创业导向为有兴趣利用市场动态、抓住机遇并提出适当解决方案的企业家提供了参考框架。在这个方面，企业家们可能会认识到，例如以可持续创业为导向的对人和集体利益采取的积极态度和战略可能会激励员工、消费者和其他利益相关者，以创造长期的商业绩效。在市场中占有更大的份额。

（2）研究局限与展望。

本研究也存在一定的局限和不足之处：在本研究中，受分发问卷渠道等问题的影响，可能会存在共同方法偏差的问题。尽管通过指导语、问卷设置等方面尽量降低共同方法偏差对研究结果的影响，且对数据的统计检验结果也显示偏差并不严重。但在今后研究过程中会尽量采用多方案多渠道，使实验数据有效性更强。受限于研究广度，本研究在讨论可持续创业导向对工作使命感的影响和作用机制的过程中只考虑了组织认同这一个中介变量，今后的研究中可以考虑更多的相关因素以丰富研究结果。

# 结　　语

## 一、研究结论

（1）可持续创业量表的开发。近年来，创业对促进社会可持续发展的强大作用越来越被实践界及学术界所关注。可持续创业作为一种新兴的创业方式，激起了研究者的兴趣。国内外的文献主要对可持续创业的前因及边界条件进行了探讨，但关于可持续创业结果的研究较少，特别是通过实证研究的方式，本研究认为主要是由于受限于可持续创业行为测量的不成熟。基于此，本研究首先对可持续创业的概念、发展阶段、研究现状进行了系统的回顾；然后对可持续创业行为进行了量表开发，经过实证研究，可持续创业的结构包括传递理念、保护环境、关注社会、目标交融 4 个方面。

（2）可持续创业意向的形成机制研究。部分学者从不同的层面或视角探讨了可持续创业意向的影响因素，但至今尚未达成共识。本研究选取外部环境、价值观、主观规范和效能感这几个层面的变量，基于计划行为理论和三元交互理论提出可持续创业意向的驱动模型，同时通过对创业者群体的问卷调查，对感知到的社会支持、可持续导向、主观规范、创业效能感和可持续创业意向之间的关系进行实证研究。丰富了可持续创业影响因素的理论研究，在研究视角和理论上具有一定的新意。

（3）可持续创业从意向到行为的衍变机制：资源拼凑的中介机制。可持续创业虽然具有创造社会和环境效益的巨大潜力，但创业者在竞争激烈的市场环境中协调社会、环境和经济三重效益实属不易，因此，现实中社会和环境问题的解决还是依靠政府和非营利组织。虽然计划行为理论指出行为产生的前提是意向的形成，但是可持续创业意向却不足以支撑可持续创业行为的有效产生，实践中常常出现这种情况——创业者萌生了可持续创业的意向，但却因为客观和主观的多种原因没有实施可持续创业行为，表现为直接放弃了创业想法、无限期推迟想法的实施或在创业过程中放弃了可持续发展导向。本研究选取"资源拼凑"作为中介机制，基于社会认同理论，从创业者身份出发，预测创业者在机会稍纵即逝、资源贫乏的情形下的资源获取行为，为可持续创业企业提供了其在资源困境通过"拼凑"获取资源从而实施可持续创业行为的新思路，并且探讨了在环境不确定性的情形下，创业者基于身份认知进行可持续创业策略选择的机制。

（4）可持续创业的绩效转化机制。实现经济利润是创业的中心问题，也是可持续创业企业得以持续发展的重要保障。本研究首先从个体行为层面探讨了可持续创业导向对员工工作使命感及工作绩效的影响机制，并通过问卷调查实证检验相关研究假设，研究发现，创业企业可以通过战略层面的可持续创业导向，影响员工对工作的认知从而提高工作使命感，使其更好地适应工作要求和组织环境，有更高的工作投入和工作满意度，最终产生更高的绩效；其次，本研究还通过上市公司新能源板块作为研究对象，探讨了绿色创业导向对企业经营绩效的影响作用；再次，本研究选取沪深300指数成分股企业作为样本，采用共同度检验和因子分析，验证了企业对消费者、政府等利益相关群体的责任承担行为与其资产收益率的正相关关系。综上，本研究通过实证调研探讨了可持续创业行为与企业绩效的关系，及员工行为在非经济绩效与非经济绩效之间的传导机制，从而为可持续创业企业就如何增强员工工作使命感从而提升工作绩效与工作活力提供了一定的启示。

## 二、成果的学术价值和应用价值，以及社会影响和效益

这项成果立足国内外相关领域的研究前沿，并结合国内创业的实际情况，较为系统、深入地探讨可持续创业的驱动因素与发展机制，在理论和

实践层面均具有一定的开创性。本研究综合采用理论研究、文献分析、访谈研究和问卷调查等多种研究方法，分析了可持续创业在中国情景下的内涵及外延，提炼出了可持续创业的多维度模型开发了相关量表，实证检验了可持续创业意向的影响因素及可持续创业行为的产生机制，在理论上具有较好的创新，进一步丰富和深化了创业领域的理论研究，并能为今后学术界开展相关方面的研究提供参考和借鉴。

在实践层面上，本研究实地访谈企业家 12 人次，发放企业家调查问卷 1000 余份，对本研究所提出的可持续创业驱动因素与发展机制模型进行了实证检验，能够为其他致力于开展可持续创业活动的潜在创业者提供很好的学习借鉴。同时，在调研分析国内上市公司经营数据的基础上，提出了可持续创业企业的绩效转化建议，可以为具有可持续战略发展导向的企业提供一定的决策参考，有利于在遵循创业活动一般规律的基础上，更加合理的推动可持续创业活动，提升其实施效果；此外，本课题结合中国的政治经济社会文化背景开展实证研究，其研究结果将丰富我国创业实践的经验积累，为我国经济与社会的可持续发展提供参考。

## 三、成果存在的不足或欠缺，尚需深入研究的问题

本研究围绕我国制可持续创业问题进行了研究，取得了较好的研究成果。但由于研究水平、时间和条件等因素的制约，本研究还存在很多不足之处，需要在今后的研究中加以完善，主要体现在以下四个方面：

（1）本研究通过问卷调查，搜集了 1000 余份创业者样本，进行了调研分析，对理论模型进行了检验与修订。受限于创业者样本获得的难度较大，在分析过程中，主要是采用横断面数据，没有进行跟踪数据的收集，对因果模型的检验效力有所影响。今后将在现有样本库基础上，针对创业者开展创业活动的不同阶段，进行跟踪数据的收集，以增强研究的深度和系统性。此外，受到研究方法的限制，在使用问卷调查搜集数据时，难以排除被试者的主观因素造成的影响，比如"社会期望效应"。

（2）本研究通过内容分析法、访谈及问卷等方式进行了可持续创业量

表的开发，但量表的信度、效度还需在不同人群范围的应用中逐步完善与修订。在后续的研究中，将进一步扩大问卷调查、案例分析等实证研究的样本量，对该量表进行反复的检验，以增强其严谨性和科学性。此外，由于研究条件所限，虽然访谈深度尚可，但选取的创业者访谈对象数量有限，在未来研究中，一方面将继续收集资料，对现有的创业者访谈信息进行充实完善。另一方面，尽可能拓展访谈对象来源，扩大研究的覆盖面，增强访谈对象的代表性。

（3）本研究将理论分析与实证研究相结合，从一般性的角度构建了可持续创业的影响因素模型，探讨了可持续创业行为的发展机制。然而实践中，由于不同企业的性质、行业环境以及创业实践等存在差异，对应的影响因素也会有所变化。因此，今后需要在理论模型的基础上，针对不同创业者及创业企业的特点开展差异化研究，增强研究成果的理论深度和现实应用价值。

（4）创业者进行可持续创业活动存在不同的演进阶段，且所处行业以及区域差异也会对不同发展阶段的特征产生影响，但目前尚缺乏明确的界定标准。因此，本研究在选取可持续创业者及创业企业作为研究对象时，也是基于相关理论和文献的观点笼统进行，没有区分具体的演进阶段。在以后研究中，将尽可能提出可持续创业发展不同阶段的判定标准，并据此开展更加深入的理论和实证研究。

# 参 考 文 献

[1] Akemu O, Whiteman G, Kennedy S. Social enterprise emergence from social movement activism: The fairphone case[J]. Journal of Management Studies, 2016, 53(5): 846-877.

[2] Alsos, Gry Agnete, Ljunggren, Elisabet. The role of gender in entrepreneur-investor relationships: A signaling theory approach[J]. Entrepreneurship Theory and Practice, 2017, 41(4): 567-590.

[3] Alt E, Craig J B. Selling issues with solutions: Igniting social intrapreneurship in for-profit organizations[J]. Journal of Management Studies, 2016, 53(5): 794-820.

[4] S. A. Alvarez, Busenitz. The entrepreneurship of resource-based theory[J]. Journal of Management, 2001, 27(6): 755-775.

[5] Antje Schmitt, Kathrin Rosing. A dynamic model of entrepreneurial uncertainty and business opportunity identification: Exploration as a mediator and entrepreneurial self-efficacy as a moderator[J]. Entrepreneurship Theory and Practice, 2018, 42(6): 835-859.

[6] Arend R J. A heart-mind-opportunity nexus: Distinguishing social entrepreneurship for entrepreneurs[J]. Academy of Management Review, 2013, 38(2): 313-315.

[7] Ashforth B K, Saks A M. Socialization tactics: Longitudinal effects on newcomer adjustment[J]. Academy of Management Journal, 1996, 39(1): 149-178.

[8]Atiq M, Karatasozkan M. Sustainable corporate entrepreneurship from a strategic corporate social responsibility perspective: current research and future opportunities [ J ]. International journal of entrepreneurship & innovation, 2013, 14(1): 5-14.

[9]Au K, Kwan H K. Start-up capital and Chinese entrepreneurs: The role of family[J]. Entrepreneurship Theory & Practice, 2010, 33(4): 889-908.

[10]Aupperle K E, Carroll A B, Hatfield J D. An empirical examination of the relationship between corporate social responsibility and profitability[J]. The Academy of Management Journal, 1985, 28(2).

[11]Babin B J, Boles J S. Employee behavior in a service environment: A model and test of potential differences between men and women[ J]. Journal of Marketing, 1998, 62(2): 77-91.

[12]Baker T, Nelson R E. Creating something from nothing: resource construction through entrepreneurial bricolage [ J ]. Administrative Science Quarterly, 2005, 50(3): 329-366.

[13]Bandura A, Cervone D. Self-evaluative and self-efficacy mechanisms governing the motivational effects of goal systems[J]. Journal of Personality and Social Psychology, 1983, 45(5): 1017.

[14]Baron R A, Franklin R J, Hmieleski K M. Why entrepreneurs often experience low, not high, levels of stress: The joint effects of selection and psychological capital [ J ]. Journal of Management, 2016, 42 ( 3 ): 742-768.

[15]Bartel, C A, Wiesenfeld, B M. The social negotiation of group prototype ambiguity in dynamic organizational contexts[J]. Academy of Management Review, 2013, 38(4): 503-524.

[16]Bates T. Analysis of young, small firms that have closed: delineating successful from unsuccessful closures [ J ]. Journal of Business Venturing, 2002, 20(3): 343-358.

［17］Baran Grzegorz, Berkowicz Aleksandra. Digital platform ecosystems as living labs for sustainable entrepreneurship and innovation: A conceptual model proposal［J］. Sustainability, 2021, 13(11).

［18］Brigitte Hoogendoorn, Peter Zwan, Roy Thurik. Sustainable entrepreneurship: The role of perceived barriers and risk［J］. Journal of Business Ethics, 2019, 157(4).

［19］Belz F M, Binder J K. Sustainable entrepreneurship: A convergent process model［J］. Business Strategy and the Environment, 2017, 26(1): 1-17.

［20］Berelson B. Content analysis in communication research［J］. The Library Quarterly: Information, Community, Policy, 1952, 22(4): 869.

［21］Berle G. The Green Entrepreneur: Business Opportunities That Can Save the Earth and Make You Money［M］. Liberty Hall: Blue Ridge Summit, PA, 1991.

［22］Biddle, B. J. Recent developments in role theory［J］. Annual Review of Sociology, 1986, 12(1): 67-92.

［23］Birley S. The role of networks in the entrepreneurial process［J］. Journal of Business Venturing, 1985, 1(1): 107-117.

［24］Blake, D. M., David, W. M. The impact of role identities on entrepreneurs' evaluation and selection of opportunities［J］. Journal of Management, 2014, 31(7): 1-27.

［25］Blue J. Ecopreneuring: Managing for Results［M］. Scott Foresman: London, 1990.

［26］Boeker W, Wiltbank R. New venture evolution and managerial capabilities［J］. Organization Science, 2005, 16(2): 123-133.

［27］Bonnet H, Quist J, Hoogwtter D, et al. Teaching sustainable entrepreneurship to engineering students: the case of Delft University of Technology［J］. European Journal of Engineering Education, 2006, 31(2): 155-167.

[28] Boulding, K. E. General systems theory: The skeleton of science [J]. Management Science, 1956, 2(3): 197-208.

[29] Box, M. The death of firms: exploring the effects of environment and birth cohort on firm survival in Sweden[J]. Small Business Economics, 2008, 31(4): 379-393.

[30] Burchardt J, Hommel U, Kamuriwo D S, et al. Venture Capital Contracting in Theory and Practice: Implications for Entrepreneurship Research[J]. Entrepreneurship Theory & Practice, 2016, 40(1): págs. 25-48.

[31] Burke A E, Fitzroy F R, Nolan M A. What makes a die-hard entrepreneur? Beyond the "employee or entrepreneur" dichotomy [J]. Small Business Economics, 2008, 31(2): 93-115.

[32] Cardon, M S, Grégoire, D A, Stevens, C. E, et al. Measuring entrepreneurial passion: Conceptual foundations and scale validation[J]. Journal of Business Venturing, 2013 (28): 373-396.

[33] Cardon, M S, Wincent, J, Singh, J, et al. The nature and experience of entrepreneurial passion[J]. Academy of Management Review, 2009, 34(3): 511-532.

[34] Caroline Essers, Yvonne Benschop. Muslim businesswomen doing boundary work: The negotiation of Islam, gender and ethnicity within entrepreneurial contexts[J]. Human Relations, 2009, 62(3): 403-423.

[35] Carroll, Archie B. A Three-dimensional conceptual model of corporate performance[J]. The Academy of Management Journal, 1979, 4(4).

[36] Cavanaugh M A, Boswell W R, Roehling M V, et al. An empirical examination of self-reported work stress among U. S. managers[J]. Journal of Applied Psychology, 2000, 85(1): 65.

[37] Choi D Y, Gray E R. The venture development processes of "sustainable" entrepreneurs[J]. Management Research News, 2008, 31(8): 558-569.

[38] Cohen B, Winn M I. Market imperfections, opportunity and sustainable

entrepreneurship[J]. Journal of Business Venturing, 2007, 22 (1): 29-49.

[39] Contín-Pilart I, Larraza-Kintana M. Do entrepreneurial role models influence the nascent entrepreneurial activity of immigrants[J]. Journal of Small Business Management, 2015, 53(4): 1146-1163.

[40] Cumming D, Firth M, Hou W, Lee E. Sustainable entrepreneurship in China: Ethics, corporate governance, and institutional reforms [M]. Springer, 2015.

[41] Dancz C L A, Plumblee J M, Bargar D, Brunner P W, High K A, Klotz L, et al. A rubric to assess civil engineering students' grand challenge sustainable entrepreneurship projects[C]. 2016 ASEE Annual Conference & Exposition, 2016.

[42] Danes S M, Lee J, Stafford K, et al. The effects of ethnicity, families and culture on entrepreneurial experience: An extension of sustainable family business theory[J]. Journal of Developmental Entrepreneurship, 2008, 13 (3): 229-268.

[43] Dean T. Mcmullen J. Towards a theory of sustainable entrepreneurship: Reducing environmental degaradation through entrepreneurial action [J]. Jounal of Business Venturing, 2007, 22(1): 50-76.

[44] Desa G, Basu S. Optimization or bricolage? Overcoming resource constraints in global social entrepreneurship [J]. Strategic Entrepreneurship Journal, 2013, 11(7): 26-49.

[45] DiVito, Lor, Bohnsack, Rene. Entrepreneurial orientation and its effect on sustainability decision tradeoffs: The case of sustainable fashion firms[J]. Journal of Business Venturing, 2017, 32(5): 569-587.

[46] Dixon S E A, Clifford A. Ecopreneurship-a new approach to managing the triple bottom line[J]. Journal of Organizational Change Management, 2007, 20(3): 326-345.

[47] Dobrev, S. D., Barnett, W. P. Organizational roles and transition to entrepreneurship [J]. Academy of Management Journal, 2005, 48: 433-449.

[48] Dufays F. Embeddedness as a facilitator of sustainable entrepreneurship [M] // Sustainable entrepreneurship and social innovation. Routledge, 2016: 77-92.

[49] Duncan, R. B. Characteristics of organizational environments and perceived environmental uncertainty [J]. Administrative Science Quarterly, 1972, 17: 313-327.

[50] Dyllick T, Hockerts K. Beyond the businesses case for corporate sustainability [J]. Business Strategy and the Environment, 2002, 11(2): 130-141.

[51] Eddy Laveren, Robert Blackburn, Cyrine Ben-Hafaïedh, Cristina Díaz-García, Ángela González Moreno. Sustainable Entrepreneurship and Entrepreneurial Ecosystems: Frontiers in European Entrepreneurship Research [M]. Edward Elgar Publishing, 2020.

[52] Eduardo Terán-Yépez, Gema María Marín-Carrillo, María del Pilar Casado-Belmonte et al. Sustainable entrepreneurship: Review of its evolution and new trends [J]. Journal of Cleaner Production, 2020, 252.

[53] Farmer S. M, Yao X, Kung-Mcintyre K. The behavioral impact of entrepreneur identity aspiration and prior entrepreneurial experience [J]. Entrepreneurship Theory and Practice, 2011, 35(2): 245-273.

[54] Fauchart, E., Gruber, M. Painting with all the colors: The value of social identity theory for understanding social entrepreneurship [J]. Academy of Management Review, 2019, 44(1): 213-226.

[55] Fernandes CII, Veiga PM, Peris-Ortiz M, Rueda-Armengot C. What impact does innovation and sustainable entrepreneurship have on competitiveness [J]. International Journal of Social Ecology and Sustainable

Development (IJSESD), 2017, 8(3): 56-66.

[56] M. Filser, S. Kraus, N. Roig-Tierno, N. Kailer, U. Fischer. Entrepreneurship as catalyst for sustainable development: Opening the black box[J]. Sustainability, 2019, 11(16): 12-21.

[57] Florian Lüdeke-Freund. Sustainable entrepreneurship, innovation, and business models: Integrative framework and propositions for future research [J]. Business Strategy and the Environment, 2020, 29(2).

[58] Eller F J, Gielnik M M, Wimmer H, et al. Identifying business opportunities for sustainable development: Longitudinal and experimental evidence contributing to the field of sustainable entrepreneurship [J]. Business Strategy and the Environment, 2020, 29(3).

[59] Frank Martin Belz, Julia Katharina Binder. Sustainable entrepreneurship: A convergent process model[J]. Business Strategy and the Environment, 2017(1): 5-11.

[60] Freeman R E, Liedtka J. Corporate Social Responsibility: A Critical Approach[J]. Business Horizons, 1991, 34(4).

[61] Gartner W B. A conceptual framework for describing the phenomenon of new venture creation[J]. The Academy of Management Review, 1985, 10(4): 696-706.

[62] Gauthier J. Navigating challenging fitness landscapes: Social entrepreneurship and the competing dimensions of sustainability [J]. Journal of Social Entrepreneurship, 2013, 4(1): 23-39.

[63] Gelderen M V, Thurik R, Bosma N. Success and risk factors in the pre-startup phase[J]. Small Business Economics, 2005, 24(4): 365-380.

[64] Genus Audley. Sustainable entrepreneurship research in the 2020s: An introduction[J]. Business Strategy and the Environment, 2020, 30(3).

[65] Geoffrey Desa, Sandip Basu. Optimization or bricolage? Overcoming resource constraints in global social entrepreneurship [J]. Strategic

Entrepreneurship Journal, 2013(7): 26-49.

[66] Gilboa S, Shirom A, Fried Y, et al. A meta-analysis of work demand stressors and job performance: Examining main and moderating effects[J]. Personnel Psychology, 2008, 61(2): 45.

[67] Gimeno J, Folta T B, Cooper A C, et al. Survival of the fittest? Entrepreneurial human capital and the persistence of underperforming firms [J]. Administrative Science Quarterly, 1997, 42(4): 750-783.

[68] Gioia, D. A. From individual to organizational identity [M]//A. D. Whetten, P. C. Godfrey. Identity in organizations: Building theory through conversations, Thousand Oaks, CA: Sage, 1998: 17-32.

[69] Girod, Stéphane J. G., Whittington, Richard. Reconfiguration, restructuring and firm performance: Dynamic capabilities and environmental dynamism [J]. Strategic Management Journal, 2017, 38(5): 1121-113.

[70] Granovetter M. The Economic Sociology of Firms and Entrepreneurs[J]. The Social Science View, 2000(3).

[71] Greve A, Salaff J W. Social networks and entrepreneurship [J]. Entrepreneurship Theory & Practice, 2003, 28(1): 1-22.

[72] Gruber M, Macmillan I C, Thompson J D. Escaping the prior knowledge corridor: What shapes the number and variety of market opportunities identified before market entry of technology start-ups [M]. INFORMS, 2013.

[73] Gutnick D, Walter F, Nijstad B A, et al. Creative performance under pressure: An integrative conceptual framework [J]. Organizational Psychology Review, 2012, 2(3): 189-207.

[74] Hall D T. A model of coping with role conflict: The role behavior of college educated women [J]. Administrative Science Quarterly, 1972, 17(4): 471-486.

[75] Haynie J M, Shepherd DA, Patzelt H. Cognitive adaptability and an

entrepreneurial task: The role of metacognitive ability and feedback[J]. Entrepreneurship Theory and Practice, 2012, 36 (2): 237-265.

[76]Herman I Stål, Karl Bonnedahl. Conceptualizing strong sustainable entrepreneurship[J]. Small Enterprise Research, 2016(1): 75-82.

[77]A. J. Hillman, M. C. Withers, B. J. Collins. Resource dependence theory: A review[J]. Journal of Management, 2009, 35(6): 1404-1427.

[78]Ho Chea Hooi, Noor Hazlina Ahmad. The functional role of entrepreneurial orientation and entrepreneurial bricolage in ensuring sustainable entrepreneurship[J]. Management Research Review, 2016, 39 (12): 1616-1635.

[79]Hoang H, Gimeno J. Becoming a founder: How founder role identity affects entrepreneurial transitions and persistence in founding [J]. Journal of Business Venturing, 2010, 25(1): 41-53.

[80]Hockerts K, Wüstenhagen R. Greening Goliaths versus emerging Davids-theorizing about the role of incumbents and new entrants in sustainable entrepreneurship [J]. Journal of Business Venturing, 2010, 25 (5): 481-492.

[81]Hockerts K, Wüstenhagen R. Greening Goliaths versus emerging Davids-Theorizing about the role of incumbents and new entrants in sustainable entrepreneurship[J]. Journal of Business Venturing, Elsevier B. V., 2010, 25(5).

[82]Hoelter J W. The effects of role evaluation and commitment on identity salience[J]. Social Psychology Quarterly, 1983, 46(2): 140-147.

[83]Hogg, M. A., Terry, D. J. Social identity and self-categorization processes in organizational contexts [J]. Academy of Management Review, 2000, 25: 121-140.

[84]Holland D V, Shepherd D A. Deciding to persist: Adversity, values, and entrepreneurs' decision policies[J]. Entrepreneurship Theory and Practice,

2013, 37(2): 331-358.

[85] Hoogendoorn B, Zwan P, Thurik R. Sustainable Entrepreneurship: The Role of Perceived Barriers and Risk[J]. Journal of Business Ethics, 2019, 157: 1-22.

[86] Hooi H C, Ahmad NH, Amran A, Rahman S A. The functional role of entrepreneurial orientation and entrepreneurial bricolage in ensuring sustainable entrepreneurship[J]. Management Research Review, 2016, 39 (12): 1616.

[87] Isaak R. The making of the ecopreneur[J]. Greener Management International, 2002, 38: 81-91.

[88] Jack S L, Anderson A R. The effects of embeddedness on the entrepreneurial process[J]. Journal of Business Venturing, 2002, 17(5): 467-487.

[89] Jackson, S. E., Schuler, R. S. A meta-analysis and conceptual critique of research on role ambiguity and role conflict in work settings. Organizational behavior and human decision processes, 1985, 36: 16-78.

[90] Jeffery S. Mcmullen, Dean A. Shepherd. Entrepreneurial action and the role of uncertainty in the theory of the entrepreneur [J]. Academy of Management Review, 2006, 31(1): 132-152.

[91] Jelinek M, Litterer J A. Toward entrepreneurial organizations: Meeting ambiguity with engagement [J]. Entrepreneurship Theory and Practice, 1995, 19(3): 137-168.

[92] Jones M L. Role conflict: Cause of burnout or energizer[J]. Social Work, 1993, 38(2): 136-141.

[93] Jones M, Meijen C, McCarthy P J, et al. A theory of challenge and threat states in athletes [ J ]. International Review of Sport and Exercise Psychology, 2009, 2(2): 161-180.

[94] Katja C, Miroslav R, Barbara B H, et al. Building a model of researching

the sustainable entrepreneurship in the tourism sector [J]. Kybernetes, 2014, 43(3/4): 377-393.

[95]Katsikis I N, Kyrgidou L P. The concept of sustainable entrepreneurship: a conceptual framework and empirical analysis[J]. Academy of Management Annual Meeting Proceedings, 2007(1): 1-6.

[96]Keogh P D, Polonsky M J. Environmental commitment: a basis for environmental entrepreneurship [J]. Journal of Organizational Change Management, 1998, 11(1): 38-49.

[97]Khan, Shaji A., Jintong Tang, Kailash Joshi. Disengagement of nascent entrepreneurs from the start-up process [J]. Journal of Small Business Management, 2014, 52(1): 39-58.

[98]Klaasjan Visscher, Stefan Heusinkveld, Joe O'Mahoney. Bricolage and Identity Work[J]. British Journal of Management, 2018(29): 356-372.

[99]Koe W L, Majid I A. Socio-cultural factors and intention towards sustainable entrepreneurship [J]. Eurasian Journal of Business and Economics, 2014, 7(13): 145-156.

[100]Kollmann T, Stöckmann C, Kensbock J M. Fear of failure as a mediator of the relationship between obstacles and nascent entrepreneurial activity—An experimental approach[J]. Journal of Business Venturing, 2017, 32 (3): 280-301.

[101]Kreiser, P. M. Entrepreneurial orientation and organizational learning: the impact of network range and network closure[J]. Entrepreneurship Theory and Practice, 2011(35): 1025-1050.

[102]Kuckertz A, Wanger M. The influence of sustainability orientation on entrepreneurial intentions-Investigating the role of business experience[J]. Journal of Business Venturing, Elsevier Inc., 2010, 25(5): 524-539.

[103]Lans T, Blok V, Wesselink R. Learning apart and together: Towards an integrated competence framework for sustainable entrepreneurship in higher

education[J]. Journal of Cleaner Production, Elsevier Ltd, 2014, 62: 37-47.

[104]Larson A, Starr J A. A network model of organization formation [J]. Entrepreneurship Theory & Practice, 1993, 17(1): 1071-1078.

[105]Laspita S, Breugst N, Heblich S, et al. Intergenerational transmission of entrepreneurial intentions[J]. Journal of Business Venturing, 2012, 27 (4).

[106]Leavitt, K., Reynolds, S. J., Barnes, C. M., Schlipzand, P., Hannah, S. T. Different hats, different obligations: Plural occupational identities and situated moral judgments [J]. Academy of Management Journal, 2012, 55: 1316-1333.

[107]Leiter M P, Maslach C. The impact of interpersonal environment on burnout and organizational commitment [J]. Journal of Organizational Behavior, 1988, 9(4): 297-308.

[108]Lenox M, York J G. Environmental entrepreneurship[J]. Encyclopedia of corporate social responsibility, 2012, 16: 979-979.

[109]Li X. H., Liang X. A confucian social model of political appointments among chinese private-firm entrepreneurs[J]. Academy of Management Journal, 2015, 58(2): 592-617.

[110] Liao J, Welsch H, Moutray C. Start-up resources and entrepreneurial discontinuance: The case of nascent entrepreneurs1[J]. Journal of Small Business Strategy, 2015, 19.

[111]Lim D S, Morse E A, Mitchell R K, Seawright K K. Institutional environment and entrepreneurial cognitions: A comparative business systems perspective[J]. Entrepreneurship Theory and Practice, 2010, 34 (3): 491-516.

[112]Lipshitz, R., Strauss, O. Coping with uncertainty: A naturalistic decision-making analysis [ J ]. Organizational Behavior and Human Decision

Processes, 1997, 69(2): 149-163.

[113] Gundry L K, Kickul J R, GRIFFITHS M D, et al. Creating social change out of nothing: the role of entrepreneurial bricolage in social entrepreneurs' catalytic innovations[J]. Advances in Entrepreneurship, Firm Emergence and Growth, 2011(13): 1-24.

[114] Lukeš M, Zouhar J. The causes of early-stage entrepreneurial discontinuance[J]. Prague Economic Papers, 2015, preprint: 1-19.

[115] Lundqvist, M., Middleton, K. W., Nowell P. Entrepreneurial identity and role expectations in nascent entrepreneurship[J]. Industry and Higher Education. 2015, 29(5): 327-344.

[116] Mair J, Marti I. Social entrepreneurship research: A source of explanation, prediction, and delight [J]. Journal of World Business, 2006, 41(1): 36-44.

[117] Majid I A, Koe W L. Sustainable entrepreneurship (SE): a evised model based on triple bottom line (TBL)[J]. International Journal of Academic Research in Business and Social Sciences, 2012, 2(6): 293-310.

[118] Marks S R. Multiple roles and role strain: some notes on human energy, time and commitment[J]. American Sociological Review, 1977, 42(6): 921-936.

[119] M. R. Marvel, D. M. Sullivan, M. T. Wolfe. Accelerating sales in start-ups: A domain planning, network reliance, and resource complementary perspective[J]. Journal of Small Business Management, 2019, 57(3): 1086-1101.

[120] Matthew G. Grimes. The pivot: How founders respond to feedback through idea and identity work[J]. Academy of Management Journal, 2018, 61(5): 1692-1717.

[121] McCord M. Barking up the right tree: Sustainable entrepreneurship[J]. New Hampshire Business Review, 2015, 37(20): 4.

[122] McKelvie, A., Haynie, J. M., Gustavsson, V. Unpacking the uncertainty construct: Implications for entrepreneurial action[J]. Journal of Business Venturing, 2011, 26(3): 273-292.

[123] McMullen, J. S., Shepherd, D. A. Entrepreneurial action and the role of uncertainty in the theory of the entrepreneur[J]. Academy of Management Review, 2006, 31(1): 132-152.

[124] McWilliams A, Siegel D. Corporate social responsibility and financial performance: Correlation or misspecification [J]. Strategic Management Journal, 2000, 21(5): 603-609.

[125] Meek W R, Pacheco D F, York J G. The impact of social norms on entrepreneurial action: Evidence from the environmental entrepreneurship context[J]. Journal of Business Venturing, Elsevier Inc., 2010, 25(5): 493-509.

[126] Miller T L, Grimes M G, Mcmullen J S, Vogus T J. Venturing for others with heart and head: How compassion encourages social entrepreneurship [J]. Academy of Management Review, 2012, 37(4): 616-640.

[127] Milliken, F. J. Three types of perceived uncertainty about the environment: State, effect, and response uncertainty [J]. Academy of Management Review, 1987, 12(1): 133-143.

[128] Milton Friedman. The social responsibility of business is to increase its profits[J]. New York Times Magazine, 1970, 13rd, September: 33ff.

[129] Mitchell R. K., Busenitz L. W, Bird B, et al. The central question in entrepreneurial cognition research 2007[J]. Entrepreneurship Theory and Practice, 2007, 31(1): 1-27.

[130] Mitchell R K, Randolph-Seng B, Mitchell J R. Socially situated cognition: Imagining new opportunities for entrepreneurship research[J]. Academy of Management Review, 2011, 36(4): 774-776.

[131] Muñoz P, Cohen B. Towards a social-ecological understanding of

sustainable venturing[J]. Journal of Business Venturing Insights, Elsevier Inc., 2017, 7: 1-8.

[132]Muňoz P, Dimov D. The call of the whole in understanding the development of sustainable ventures[J]. Journal of Business Venturing, 2015, 30(4): 632-654.

[133]Murnieks C., Mosakowski E., Cardon M. S. Pathways of passion: Identity centrality, passion, and behavior among entrepreneurs[J]. Journal of Management, 2014, 40(6): 1583-1606.

[134]Obrecht J. Sustainable entrepreneurship education: A new field for research in step with the 'effectual entrepreneur'. International Journal of Entrepreneurship and Small Business, 2016, 29(1): 83-102.

[135]Pacheco, D. F., Dean T. J., Payne D. S. Escaping the green prison: Entrepreneurship and the creation of opportunities for sustainable development[J]. Journal of Business Venturing, 2010, 25(5): 464-480.

[136]Parrish B D. Sustainability-driven entrepreneurship: Principles of organization design[J]. Journal of Business Venturing, 2010, 25(5): 510-523.

[137]Patzelt H, Shepherd D A. Recognizing opportunities for sustainable development[J]. Entrepreneurship: Theory and Practice, 2011, 35(4): 631-652.

[138]Pabst Stefan, Wayand Martina, Mohnen Alwine. Coordinating contributions in crowdfunding for sustainable entrepreneurship[J]. Journal of Cleaner Production, 2021, 319: 128677.

[139]Patrick Gregori, Malgorzata A. Wdowiak, Erich J. Schwarz, Patrick Holzmann. Exploring value creation in sustainable entrepreneurship: Insights from the institutional logics perspective and the business model lens[J]. Sustainability, 2019, 11(9): 1-26.

[140]Polish perceptions on changing the world with sustainable entrepreneurship: A

journey into the innovative business models of circular startups [J].
Strategic Direction, 2021, 37(4).

[141] Pearson A W, Carr J C, Shaw J C. Toward a theory of familiness: A
social capital perspective[J]. Entrepreneurship Theory & Practice, 2010,
32(6): 949-969.

[142] Penrose, E. G. The Theory of the Growth of the Firm[M]. New York:
Wiley, 1959.

[143] Peredo, A. M., Chrisman, J. J. Toward a theory of community-based
enterprise[J]. Academy of Management Review, 2006, 31(2): 309-328.

[144] J. Pfeffer, G. R. Salancik. The external control of organizations [M].
Stanford, CA: Stanford University Press, 2003.

[145] Ploum L J L, Blok V, Lans T, Omta S W F. Toward a validated
competence framework for sustainable entrepreneurship[J]. Organization
& Environment, 2017, 31(2): 113-132.

[146] Podsakoff P M, Mackenzie S B, Lee J Y, et al. Common method biases
in behavioral research: A critical review of the literature and recommended
remedies[J] J Appl Psychol, 2003, 88(5): 879-903.

[147] Poldner K, Shrivastava P, Branzei O. Embodied multi-discursivity: An
aesthetic process approach to sustainable entrepreneurship[J]. Business &
Society, 2017, 56(2): 214-52.

[148] Pollack J M, Vanepps E M, Hayes A F. The moderating role of social ties
on entrepreneurs' depressed affect and withdrawal intentions in response to
economic stress[J]. Journal of Organizational Behavior, 2012, 33(6):
789-810.

[149] Powell E. E., Baker T. It's what you make of it: Founder identity and
enacting strategic responses to adversity [J]. Academy of Management
Journal, 2014, 57(5): 1406-1433.

[150] Powell, E. E., Baker, Ted. In the beginning: Identity processes and

organizing in multi-founder nascent ventures[J]. Academy of Management Journal, 2017, 60(6): 2381-2414.

[151] Prandelli E, Pasquini M, Verona G. In user's shoes: An experimental design on the role of perspective taking in discovering entrepreneurial opportunities[J]. Journal of Business Venturing, 2016, 31(3): 287-301.

[152] Raffiee J, Feng J. Should I quit my day job?: A hybrid path to entrepreneurship[J]. Academy of Management Journal, 2014, 57(4): 936-963.

[153] Ramos-Gonzalez M, Rubio-Andres M, Sastre-Castillo M. Building corporate reputation through sustainable entrepreneurship: The mediating effect of ethical behavior[J]. Sustainability, 2017, 9(9): 1663.

[154] Renko, M. Early challenges of nascent social entrepreneurs [J]. Entrepreneurship Theory and Practice, 2013, 37(5): 1045-1069.

[155] Rouse, E. D. Beginning's end: How founders psychologically disengage from their organizations[J]. Academy of Management Journal, 2016, 59(5): 1535-1560.

[156] Roxas, B., Lindsay, V. Social desirability bias in survey research on sustainable development in small firms: an exploratory analysis of survey mode effect[J]. Bus. Strateg. Environ, 2013, 21 (4): 223-235.

[157] Roy A, Guha P. Development of a novel cup cake with unique properties of essential oil of betel leaf ( Piper betle L. ) for sustainable entrepreneurship[J]. Journal of Food Science and Technology, 2015, 52(8): 4885-4894.

[158] Ruiz-Ruano A, Puga J L. Sustainable entrepreneurship in universities and environmental values / Emprendimiento sostenible en la universidad y valores ambientales[J]. Psyecology, 2016, 7(1): 1.

[159] Santiago A. On the road to sustainability entrepreneurship: Filipino case [ J ]. World Journal of Entrepreneurship Management & Sustainable

Development, 2013, 9(4): 255-271.

[160]Sarasvathy S D. The questions we ask and the questions we care about: Reformulating some problems in entrepreneurship research[J]. Journal of Business Venturing, 2004, 19(5): 707-717.

[161]Sarasvathy, S. D. Causation and effectuation: Toward a theoretical shift form economic inevitability to entrepreneurial continggency[J]. Academy of Management Review, 2001, 26(2): 243-263.

[162]Schaltegger S, Lu Deke-Freund F, Hansen E G. Business models for sustainability: a co-evolutionary analysis of sustainable entrepreneurship, innovation, and transformation[J]. Organization & Environment, 2016, 29: 264-289.

[163]Schaltegger S. A framework for ecopreneurship[J]. Greener Management International, 2002(38): 45-58.

[164]Schaltegger, S., Wagner, M. Sustainable entrepreneurship and sustainability innovation: categories and interactions[J]. Bus. Strateg. Environ, 2012, 20 (4): 222-237.

[165]Schimmenti E, Migliore G, Di Franco CP, Borsellino V. Is there sustainable entrepreneurship in the wine industry? Exploring Sicilian wineries participating in the SOStain program[J]. Wine Economics and Policy, 2016, 5(1): 14-23.

[166]Schjoedt L, Monsen E, Pearson A, et al. New venture and family business teams: Understanding team formation, composition, behaviors, and performance[J]. Entrepreneurship Theory & Practice, 2013, 37(1): 1-15.

[167]Schumpeter J. The theory of economic development [M]. Harvard University Press: Cambridge, MA, 2001.

[168]Seiger C P, Wiese B S. Social support from work and family domains as an antecedent or moderator of work-family conflicts [J]. Journal of

Vocational Behavior, 2009, 75(1): 26-37.

[169]Serai M H, Johl S K, Marimuthu M. Conceptual framework of sustainable corporate entrepreneurship[C]//International Symposium on Technology Management & Emerging Technologies, IEEE, 2015.

[170]Shane, S., Locke, E. A., Collins, C. J. Entrepreneurial motivation[J]. Human Resource Management Review, 2003, 13(2): 257.

[171]Shane, S., Venkataraman, S. The promise of entrepreneurship as a field of research [J]. Academy of Management Review, 2000, 25 (1): 217-226.

[172]Shen W, Jr A A C. Revisiting the performance consequences of CEO succession: The impacts of successor type, post-succession senior executive turnover, and departing CEO tenure [J]. Academy of Management Journal, 2002, 45(45): 717-733.

[173]Shepherd, D. A., DeTienne, D. R. Prior knowledge, potential financial reward, and opportunity identification[J]. Entrepreneurship Theory and Practice, 2005, 29: 91-112.

[174]Shinnar, R. S., Giacomin, O., Janssen, F. Entrepreneurial perceptions and intentions: The role of gender and culture [J]. Entrepreneurship Theory and Practice, 2012, 36(3): 465-493.

[175]Sieger P, Gruber M, Fauchart E, et al. Measuring the social identity of entrepreneurs: Scale development and international validation[J]. Journal of Business Venturing, 2016, 31(5): 542-572.

[176]Silajdzic I, Kurtagic S M, Vucijak B. Green entrepreneurship in transition economies: A case study of Bosnia and Herzegovina [J]. Journal of Cleaner Production, 2015, 88: 376-384.

[177]Sirmon D G, Hitt M A. Managing resources: Linking unique resources, management and wealth creation in family firms [J]. Entrepreneurship Theory and Practice, 2003, 27(4): 339-358.

［178］Siu Ws, Lo ESc. Cultural contingency in the cognitive model of entrepreneurial intention［J］. Entrepreneurship Theory and Practice, 2013, 37(2): 147-73.

［179］Smilor R W. Entrepreneurship: Reflections on a subversive activity［J］. Journal of Business Venturing, 1997, 12(5): 341-346.

［180］Song, M., Montoya-Weiss, M. M. The effect of perceived technological uncertainty on Japanese new product development［J］. Academy of Management Journal, 2001, 44(1): 61-80.

［181］Soto-Acosta P, Cismaru D M, Vatamanescu E M, et al. Sustainable entrepreneurship in SMEs: A business performance perspective［J］. Sustainability, 2016, 8(4): 342.

［182］Spence M, Gherib J B B, Biwole V O. Sustainable entrepreneurship: Is entrepreneurial will enough? A north-south comparison［J］. Journal of Business Ethics, 2011, 99(3): 335-367.

［183］B. T. Stinchfield, R. E. Nelson, M. S. Wood, Learning from Levi-Strauss' legacy: Art, craft, engineering, bricolage, and brokerage in entrepreneurship［J］. Entrepreneurship: Theory and Practice, 2013, 37(4): 889-921.

［184］Stroe S, Wincent J, Parida V. Untangling intense engagement in entrepreneurship: Role overload and obsessive passion in early-stage entrepreneurs［J］. Journal of Business Research, 2018, September: 59-66.

［185］Stubbs W. Sustainable entrepreneurship and B corps［J］. Business Strategy and the Environment, 2017, 26(3): 331-344.

［186］Summer Harlow, Monica Chadha. Indian entrepreneurial journalism: Building a typology of how founders' social identity shapes innovation and sustainability［J］. Journalism Studies, 2019, 20(6): 891-910.

［187］Tagiuri R, Davis J. Bivalent attributes of the family firm［J］. Family

Business Review, 2010, 9(2): 199-208.

[188]Tajfel, H., Turner, J. C. The social identity theory of intergroup behavior//S. Worchel, W. G. Austin. Psychology of intergroup relations [M]. Chicago: Nelson-Hall, 1986.

[189]Tan W L, Williams J, Tan T M. Defining the 'Social' in 'Social Entrepreneurship': Altruism and entrepreneurship [J]. International Entrepreneurship & Management Journal, 2005, 1(3): 353-365.

[190]J. J. Tan, R. J. Litschert, Environment-strategy relationship and its performance implications: An emprical study of the Chinese electronics industry[J]. Strategic Management Journal, 1994, 15(1): 1-20.

[191]Thompson N A, Herrmann A M, Hekkert M P. How sustainable entrepreneurs engage in institutional change: Insights from biomass torrefaction in the Netherlands[J]. Journal of cleaner production, 2015, 106: 608-618.

[192]Tilley F, Young W. Sustainability entrepreneurs: Could they be the true wealth generators of the future[J]. Greener Management International, 2006, 55: 79-93.

[193]Toft-Kehler, R., Wennberg, K., Kim, P. H. Practice makes perfect: Entrepreneurial-experience curves and venture performance[J]. Journal of Business Venturing, 2014, 29 (4): 453-470.

[194]Vadim K R. Innovation versus incremental innovation [M]. Boston: Harvard Business School Press, 2015: 35-39.

[195]Vazquez Zacarias M A, Aguinaga E, Alvarado Lagunas E. Sustainable entrepreneurship in industrial ecology: The cheese case in Mexico[J]. International Journal of Trade and Global Markets, 2017, 10(1): 19-27.

[196]Waldron T L, Fisher G, Pfarrer M. How Social Entrepreneurs Facilitate the Adoption of New Industry Practices [J]. Journal of Management Studies, 2016, 53(5): 821-845.

[197] Wasserman N. Founder-CEO succession and the paradox of entrepreneurial success[J]. Organization Science, 2003, 14(2): 149-172.

[198] WCED. The world commission on environment and development. Our Common Future[M]. New York: Oxford University Press, 1987.

[199] Welpe I M, Spörrle M, Grichnik D, et al. Emotions and opportunities: The interplay of opportunity evaluation, fear, joy, and anger as antecedent of entrepreneurial exploitation[J]. Entrepreneurship Theory & Practice, 2012, 36(1): 69-96.

[200] Wenwen An., Xinglu Zhao. How bricolage drives corporate entrepreneurship: The roles of opportunity identification and learning orientation[J]. Journal of Product Innovation Management, 2018, 35(1): 49-65.

[201] Westhead P, Wright M. Entrepreneurship: A very short introduction[M]. Oxford: Oxford University Press, 2013.

[202] Woodfield P, Woods C, Shepherd D. Sustainable entrepreneurship: Another avenue for family business scholarship[J]. Journal of Family Business Management, 2017, 7(1): 122-132.

[203] Yamakawa Y, Cardon M S. How prior investments of time, money, and employee hires influence time to exit a distressed venture, and the extent to which contingency planning helps[J]. Journal of Business Venturing, 2017, 32(1): 1-17.

[204] Yeasmin N. The determinants of sustainable entrepreneurship of immigrants in Lapland: An analysis of theoretical factors [J]. Entrepreneurial Business and Economics Review, 2016, 4(1): 129-159.

[205] York J G, O'neil I, Sarasvathy S D. Exploring environmental entrepreneurship: Identity coupling, venture goals, and stakeholder incentives[J]. Journal of Management Studies, 2016, 53(5): 695-737.

[206] Yusuf J E. A tale of two exits: Nascent entrepreneur learning activities and disengagement from start-up[J]. Small Business Economics, 2012, 39

（3）：783-799.

[207] Zahra S A, Gedajlovic E, Neubaum D O, et al. A typology of social entrepreneurs：Motives, search processes and ethical challenges [J]. Journal of Business Venturing, 2009, 24(5)：519-532.

[208] Zahra S A, Wright M. Understanding the social role of entrepreneurship [J]. Journal of Management Studies, 2016, 53(4)：610-629.

[209] Zhao, H., Seibert, S. E., Lumpkin, G. T. The relationship of personality to entrepreneurial intentions and performance：A meta-analytic review. Journal of management, 2010, 36(2)：381-404.

[210] Zimmerman M A, Zeitz G J. Beyond survival：Achieving new venture growth by building legitimacy [J]. Academy of Management Review, 2002, 27(3)：414-431.

[211] T. Zuzul, M. Tripsas, Start-up inertia versus flexibility：The role of founder identity in a nascent industry [J]. Administrative Science Quarterly, 2019, 65(2)：395-433.

[212] 安靖涛. 家庭支持调节辱虐致使员工产生工作倦怠的研究[D]. 吉林大学, 2010.

[213] 毕婷. 效果/因果推理两种决策逻辑下创业新手的资源整合行为研究 [D]. 浙江理工大学, 2018.

[214] 陈笃升, 王重鸣. 组织变革背景下员工角色超载的影响作用：一个有调节的中介模型[J]. 浙江大学学报(人文社会科学版), 2015, 45 (3)：143-157.

[215] 陈晟杰. 绿色创业导向对企业绩效的影响基于环保企业的实证研究 [D]. 上海交通大学, 2009：24-26.

[216] 陈丽帆. 创业者角色压力源对创业退出的影响研究[D]. 中南财经政法大学, 2019.

[217] 陈树林, 郑全全. 应激源、认知评价与抑郁障碍的关系研究[J]. 中国临床心理学杂志, 2000, 8(2)：104-106.

[218]陈莹，石俊国，张慧．可持续创业研究的前沿综述与展望[J]．科学学研究，2021，39（2）：274-284.

[219]崔祥民，汤东涛．生态价值观、政策感知与绿色创业意向关系[J]．中国科技论坛，2015（6）：124-129.

[220]戴雅婷．资质过剩感对网络闲散行为的影响机制研究[D]．中南财经政法大学．2019.

[221]丁振阔．学习导向、创业拼凑与国际新创企业国际绩效[D]．华南理工大学，2019.

[222]傅颖，斯晓夫，陈卉．基于中国情境的社会创业：前沿理论与问题思考[J]．外国经济与管理，2017，39（3）：40-50.

[223]高嘉勇，何勇．国外绿色创业研究现状评介[J]．外国经济与管理，2011，33（2）：10-16.

[224]关军伟．我国企业履行社会责任与其经营绩效的相关性分析[D]．首都经济贸易大学，2013.

[225]和丽萍．企业社会责任对经营绩效影响的实证研究[D]．西南政法大学，2014.

[226]胡娜．利益相关者角度下企业社会责任对企业价值影响的研究[D]．天津财经大学，2011.

[227]简丹丹，段锦云，朱月龙．创业意向的构思测量影响因素及理论模型[J]．心理科学进展，2010，18（1）：162-169.

[228]揭昌亮，李华晶，王秀峰．我国绿色创业问题及发展对策研究——以河北新奥集团绿色创业活动为例[J]．科技进步与对策，2011，28（16）：79-82.

[229]孔俊杰．中国金融企业履行社会责任与财务绩效关系研究[D]．西南财经大学，2012.

[230]孔龙，张鲜华．企业社会责任绩效与企业财务绩效相关性的实证分析——基于A股上市公司的经验证据[J]．中国海洋大学学报（社会科学版），2012（4）.

[231]库马尔．营销思变——七种创新为营销再造辉煌[M]．李维安，张世云，译．上海：商务印书馆，2006：24-28.

[232]李大元．不确定环境下的企业持续优势：基于战略调适能力的视角[D]．浙江大学，2008.

[233]李峰，龙海军．贫困地区新创企业创业拼凑是如何生成的——价值链约束、创业制度环境对贫困地区新创企业创业拼凑的影响[J]．科学学与科学技术管理，2019，40（3）：70-82.

[234]李华晶，陈凯．高管团队、绿色创业导向与企业绩效关系研究[J]．软科学，2014，28（6）：90-94.

[235]李华晶，贾莉，王秀峰，等．基于中国高校实践的可持续创业教育体系探析[J]．扬州大学学报（高教研究版），2012，16（4）：50-53.

[236]李华晶，张玉利，汤津彤．基于伦理与制度交互效应的绿色创业机会开发模型探究[J]．管理学报，2016，13（9）：1367-1373.

[237]李华晶，张玉利．创业研究绿色化趋势探析与可持续创业整合框架构建[J]．外国经济与管理，2012（9）：26-33.

[238]李华晶．制度环境、绿色创业导向与绩效关系研究[J]．社会科学辑刊，2015（2）：92-96.

[239]李华晶．制度环境对绿色创业的驱动机理研究——以深圳市电动汽车发展为例[J]．软科学，2013（9）：128-129.

[240]李杰．上市金融企业社会责任与企业绩效关系研究[D]．西南大学，2015.

[241]李凯．基于愿景释意行为视角的绿色创业导向与行动模型研究[D]．浙江大学，2012.

[242]李先江．服务业绿色创业导向、低碳创新和组织绩效间关系研究[J]．科学学与科学技术管理，2012（8）：36-40.

[243]李晓翔，霍国庆．资源匮乏、拼凑策略与中小企业产品创新关系研究[J]．商业经济与管理，2015（3）：42-52.

[244]李雪灵，马蕾，梁瑞昕，等．基于经济学与制度学视角的可持续创业

机会研究[J]. 管理学报，2015，12（10）：1496-1503.

[245]李宗波，陈红. 上下属关系对员工知识分享行为的影响：组织认同和集体主义导向的作用[J]. 管理工程学报，2015，29（3）：30-38.

[246]梁瑞昕. 可持续创业驱动因素研究[D]. 吉林大学，2014.

[247]刘容志，郑超，赵君. 创业者的身份内涵：研究述评与展望[J]. 经济管理，2016，38（6）：189-199.

[248]刘亚男，李璇. 高污染企业社会责任表现与财务绩效关系研究[J]. 中外企业家，2016（25）.

[249]刘钰婧. 绩效考核政治的维度建构及其对反生产行为影响研究[D]. 中南财经政法大学，2019.

[250]刘中慧. 认知偏差对创业新手资源整合行为的影响研究[D]. 浙江理工大学，2018.

[251]刘志阳，许莉萍. 求同还是存异：制度逻辑视角的社会创业者修辞策略选择[J]. 研究与发展管理，2020，32（3）：1-12.

[252]龙成志，刘艳. 可持续创业脉络梳理及研究模型建构[J]. 科技进步与对策，2014（19）：14-19.

[253]龙思颖. 基于认知视角的企业动态能力及其绩效研究[D]. 浙江大学，2016.

[254]马天女. 创业导向对新创企业绩效的作用机制研究[D]. 吉林大学，2019.

[255]梅筱林. 企业社会责任对经营绩效的影响[D]. 对外经济贸易大学，2015.

[256]宁德鹏. 创业教育对创业行为的影响机理研究[D]. 吉林大学，2017.

[257]邱均平，邹菲. 关于内容分析法的研究[J]. 中国图书馆学报，2004（2）：14-19.

[258]曲福田. 可持续发展的理论与政策选择[M]. 北京：中国经济出版社，2000.

[259]邵翠丽．企业社会责任对财务绩效的影响研究——以造纸业上市公司为例[J]．会计之友，2016(24)．

[260]沈品良．企业社会责任与财务绩效关系探讨——基于我国食品行业的研究[J]．财会通讯，2012(23)．

[261]苏素红．企业社会责任对财务绩效的影响[J]．财政监督，2012(17)．

[262]王端旭，潘奇．企业慈善捐赠带来价值回报吗——以利益相关者满足程度为调节变量的上市公司实证研究[J]．中国工业经济，2011(7)．

[263]王皓白．社会创业动机、机会识别与决策机制研究[D]．浙江大学，2010.

[264]王力宾．多元统计分析：模型、案例及 Spss 应用[M]．北京：经济科学出版社，2010：48-51.

[265]王晓巍，陈慧．基于利益相关者的企业社会责任与企业价值关系研究[J]．管理科学，2011(6)．

[266]王秀峰，李华晶，李永慧．绿色创业导向与企业绩效关系研究——基于中关村高新技术企业的分析[J]．软科学，2015(6)：42-44.

[267]王秀峰．中关村高新技术企业绿色创业导向与企业绩效关系研究[D]．北京林业大学，2013：51-54.

[268]王兆群，胡海青，张琅．创业拼凑、机会开发与新创企业创业绩效关系研究[J]．科技进步与对策，2019，36(14)：1-7.

[269]翁晓蓉．利他动机对可持续创业决策的影响机制研究[D]．浙江大学，2014.

[270]肖增瑞．企业资源冗余、动态能力与其绩效之间关系的研究[D]．浙江大学，2018.

[271]谢雅萍，许美丽．基于利益相关者的企业社会责任行为与企业社会责任效应关系的实证研究[J]．经济经纬，2012(5)．

[272]熊琪，张永艳，何晓斌．民营企业家的社会身份与企业雇佣行为[J]．经济管理，2015，37(2)：75-83.

[273]杨钰洁. 休闲方式对工作投入的影响机制研究[D]. 中南财经政法大学，2019.

[274]于晓宇，李雅洁，陶向明. 创业拼凑研究综述与未来展望[J]. 管理学报，2017，17(2)：306-316.

[275]于晓宇，席瑞，陈依，等. 交互记忆系统与产品创新性：创业拼凑的中介作用[J]. 科学学与科学技术管理，2019，40(3)：83-98.

[276]张斌，陈详详，陶向明，等. 创业机会共创研究探析[J]. 外国经济与管理，2018，40(2)：18-34.

[277]张捷. 创业导向对绩效的影响：基于"双元结构"创业环境的研究[D]. 吉林大学，2010：66-68.

[278]张静. 高职院校德育工作现状与对策研究[D]. 河北师范大学，2019.

[279]张启尧，孙习祥. 战略导向、绿色资源拼凑与绿色新创企业绩效关系的实证研究[J]. 管理现代化，2016(6)：46-48.

[280]张玉利，田新，王瑞. 创业决策：Effectuation 理论及其发展[J]. 研究与发展管理，2011，23(2)：48-57.

[281]张妍，魏江. 战略导向国内外研究述评与未来展望[J]. 中国科技论，2014(11)：139-141.

[282]郑超. 创业者身份与创业行为的关系研究[D]. 中南财经政法大学，2017.

[283]祝希. 企业社会责任与财务绩效的关系研究[J]. 商场现代化，2013(Z2).

[284]祝振铎，李非. 创业拼凑、关系信任与新企业绩效实证研究[J]. 科研管理，2017，38(7)：109-116.